近藤光男＋志谷匡史
KONDO MITSUO ＋ SHITANI MASASHI

改正 New 株式会社法
CORPORATION Law V

弘文堂

第Ⅴ巻　はしがき

　令和元年12月に会社法の改正が成立した。その主な改正対象は、株主総会、取締役、社債、株式交付等ときわめて広範であり、今後のわが国の株式会社にとって、その運営に多大な影響を与えるものと思われる改正である。このため、この改正法を解説する書物を早急に刊行する必要があるのではないかと思われた。そこで、このたび「改正株式会社法」の第Ⅴ巻を刊行することとした。

　本書は「改正株式会社法」と題して、平成13年以降の会社法改正についての分析・検討を行い、法改正の軌跡を解説することを意図して、すでに第Ⅰ巻から第Ⅳ巻までを刊行してきており、本書はその第Ⅴ巻となった。

　本書第Ⅳ巻は、平成17年制定時の会社法（および関連政省令）についての記述で終わっていた。しかしながら、その後の平成26年には、会社法が制定されて以降、初めての本格的な会社法の改正が行われていた。この改正では、コーポレートガバナンスのあり方や親子会社に関する新たな規律といったきわめて重要な領域に関する改正事項が多く盛られていた。そこで、第Ⅴ巻において令和元年改正を論じるに際しては、その前提となる平成26年改正について、そのあらましを論じておくことも必要ではないかと感じた。さらに、平成29年の民法（債権法）改正に際しては、これに伴い会社法の規定も見直されていた。この民法（債権法）改正は、本書執筆時にはまだ未施行であることもあり、この会社法改正についてもここで論じておく意味があると考えた。

　その結果、本書は、第42章において平成26年改正の概要を論じ、第43章において民法改正に伴う会社法改正を論じ、第44章から48章までにおいて令和元年の会社法改正を詳論するという形となっている。なお、本書の連続性から、章の番号および頁数は、第Ⅰ巻からの通しのものを使っている。

　本書第Ⅰ巻から第Ⅳ巻までは、予想以上に多くの方々に読んでいただい

た。これらと同様に第Ⅴ巻も多くの方々に活用していただけることを切に望んでいる。第Ⅳ巻から間が空いてしまったにもかかわらず、改正法成立からあまり時間を空けずに刊行できたのは、弘文堂編集部の北川陽子さんの後押しのおかげである。心より感謝申し上げたい。

　　令和 2 年 1 月

近 藤　光 男

目　次

引用文献略称一覧（ゴチックは略称を示す）

I　単行本等

岩原紳作 = 神田秀樹 = 野村修也編・平成26年会社法改正（有斐閣・平成27年）

江頭憲治郎・株式会社法〔第7版〕（有斐閣・平成29年）

神田秀樹編・**論点詳解**平成26年改正会社法（商事法務・平成27年）

公益社団法人商事法務研究会　**会社法研究会**・会社法研究会**報告書**　商事法務2129号4～30頁（平成29年）

坂本三郎編著・**一問一答**平成26年改正会社法〔第2版〕（商事法務・平成27年）

竹内昭夫・改正会社法解説〔新版〕（有斐閣・昭和58年）

D&O保険実務研究会編・D&O保険の先端Ⅰ（商事法務・平成29年）

藤田友敬・江頭憲治郎・会社法**コンメンタール**第16巻（商事法務・平成22年）

法制審議会会社法制（企業統治等関係）部会・会社法制（企業統治等関係）の見直しに関する**中間試案**　商事法務2160号7～22頁（平成30年）

法務省民事局参事官室・会社法制（企業統治等関係）の見直しに関する**中間試案の補足説明**　商事法務2160号23～78頁（平成30年）

法制審議会会社法制（企業統治等関係）部会・会社法制（企業統治等関係）の見直しに関する**要綱案**　商事法務2189号8～25頁（平成31年）

森本滋編・取締役会の法と実務（商事法務・平成27年）

Ⅱ　雑誌論文

青竹正一「民法改正の会社法への影響（上）（下）」判例時報2300号10～20頁、2303号9～19頁（平成28年）

岩原紳作「「会社法制（企業統治等関係）の見直しに関する要綱案」の**解説**〔Ⅰ〕～〔Ⅵ・完〕」商事法務1975号4～18頁、1976号4～14頁、1977号4～15頁、1978号39～55頁、1979号4～15頁、2191号4～13頁（平成24年）

尾崎悠一「経営者の報酬」法学教室421号25～31頁（平成27年）

神田秀樹「「会社法制（企業統治等関係）の見直しに関する要綱案」の**解説**〔Ⅰ〕～〔Ⅷ・完〕」商事法務2191号4～12頁、2192号4～9頁、2193号4～13頁、2194号4～15頁、2195号4～12頁、2196号4～12頁、2197号4～17頁、2198号6～16頁（平成31年・令和元年）

北村雅史「株主総会の電子化」商事法務2175号5～16頁（平成30年）

坂本三郎 = **髙木**弘明 = **宮崎**雅之 = **内田**修平 = **塚本**英巨「『会社法制の見直しに関する中間試案』に対する各界意見の分析」別冊商事法務393号（平成27年）

坂本三郎 = **辰巳**郁 = **渡辺**邦広編著「立案担当者による平成26年改正会社法関係法務省令の解説」別冊商事法務397号（平成27年）

堀越健二 = **辰巳**郁 = **渡辺**邦広「民法（債権関係）改正に伴う会社法改正の概要―整備法（平成29年法律第45号）の解説―」商事法務2154号10～16頁（平成29年）

前田雅弘「監査役会と三委員会と監査・監督委員会」江頭憲治郎編・**株式会社法大系**（有斐閣・平成25年）253〜275頁所収

前田雅弘「コーポレートガバナンスと社外取締役の位置づけ」ジュリスト1495号21〜26頁（平成28年）

松中学「株主提案権制度の目的」徳本穣ほか編・会社法の到達点と展望　森淳二朗先生退職記念論文集（法律文化社・平成30年）432〜462頁所収

第42章　平成26年改正の概要

I　社外取締役・社外監査役に関する改正

　(1)　近年コーポレートガバナンスの議論が広く盛んに行われるようになってきたが、その主たるテーマの1つとなってきたのが社外取締役制度であった。かつてわが国の取締役の多くは、従業員から昇進してきた社内取締役のみから構成されていたが、それまで代表取締役の部下であった従業員出身の取締役が、代表取締役等をはじめとする業務執行者から独立した立場で有効に経営監督機能を発揮できるのかという根本的な疑問が永年投げかけられていた。そこで、多数の社外取締役が就任しているアメリカにならい、取締役にはこのような業務執行者との一定の関係を過去にもっていなかった者、および現在もっていない者を選任すべきであるという声が近時高まっていた。もちろん、社内の事情に精通しておらず、他に職務をもち多忙を極める者が取締役として機能するのか等といった疑問から、社外取締役の効用に疑念を抱く見解もないわけではないが、機関投資家のみならず社会一般からも社外取締役を選任すべきであるとの声は年々強まる一方であった。

　しかし、従来、会社法は公開会社や上場企業であっても社外取締役を採用することを義務づけてはいなかった。[1]一方で、年々強まる社外取締役を選任すべきであるとの声を無視することはできなかった。このため、平成

---

　1)　社外取締役に関する明文の規定は、これを定義する規定をはじめとして、商法に、会社に関する規定が置かれていた時代から存在していた（旧188条2項7号の2等参照）。また、平成17年制定時における会社法では、同じ取締役であっても、社外取締役と社内取締役との間には大きな差異が設けられていた。すなわち、社外取締役を重視した委員会を置く会社（現在の指名委員会等設置会社）や、特別取締役制度（373条）を採用するためには社外取締役の選任が必要となるほか、社外取締役であれば責任の一部免除による保護が厚くなること（旧425条、旧427条）などの点において差がみられていた。

26年の会社法改正の際には社外取締役の選任を義務づけるべきであるといった意見がかなり有力であった。

(2) しかしながら、平成26年の改正では社外取締役の義務づけが見送られた[2]。代わりに、同年の改正では、次の2点で社外取締役の規定が改められた。第1に、社外取締役の定義をより厳格なものとした（2条15号）。すなわち、改正前は、株式会社の取締役であって、当該株式会社またはその子会社の業務執行取締役、もしくは執行役または支配人その他の使用人でなく、かつ過去に当該株式会社またはその子会社の業務執行取締役、もしくは執行役または支配人その他の使用人となったことがないものを社外取締役として定義していた。これに対して改正後は、株式会社の親会社等の関係者および兄弟会社の業務執行者や、株式会社の一定の業務執行者の近親者は社外取締役となることはできないこととされるようになった[3]。ただし、会社の利益を優先して監督機能を発揮できるかという意味からすれば、さらに会社の重要な取引先の関係者でないことも社外取締役の要件に加える必要があったかもしれないが、取引先に関わる一律の基準を定めることは容易ではなく、要件を設けることにコンセンサスを得られなかったために、このような要件は採用されなかった（坂本・一問一答124頁）。

なお、取締役に就任する前に会社や子会社との業務執行者等の関係を有してはいけない期間は、改正前には限定がなかったが[4]、これを原則として

---

2) 一律に社外取締役の選任を義務づけることは、各株式会社の規模、業種、業態等に適した柔軟な企業統治体制の構築を阻害するおそれがあるとの指摘や、社外取締役の人材確保の点で株式会社に過度の負担を課すことになる等の指摘もみられていた。坂本＝高木＝宮崎＝内田＝塚本43〜45頁、岩原・解説〔Ⅰ〕10頁等参照。

3) 平成26年改正前の要件は、監督する者は監督される者に従属してはならないという観点のものであった。平成26年改正法では、さらに、親会社等の関係者は、会社に対して議決権を通じて経営を支配し、実効的な監督ができなくなるおそれがあるし、会社と親会社等との利益が衝突する場面では、会社でなく親会社等のほうの利益を追求するおそれがあり、利益衝突のある場面では、純粋に会社の利益だけを考えて行動できる者が望ましいことから、親会社等の関係者が除かれた。また、兄弟会社の関係者も、同様の理由から、社外取締役から除かれることとなった。さらに取締役等の配偶者または2親等内の親族は、監督を受ける者と経済的利益を共通にすることから社外取締役から除外された。岩原＝神田＝野村34〜35頁。

4) ただし、平成13年改正前商法特例法18条1項では、社外監査役について5年間を、会社・子会社の取締役・使用人でなかった期間としての要件としていた。

10年間と限定し、古い過去に会社との関わりを一度でももっているため永久に社外取締役に就任できない等といった不都合な場面が生じないように是正した。

　第2に、平成26年改正会社法327条の2において「社外取締役を置いていない場合には、取締役は、当該事業年度に関する定時株主総会において、社外取締役を置くことが相当でない理由を説明しなければならない。」という英国のコーポレートガバナンス・コード等で採用されてきた comply or explain rule にならった規定を導入することになった。ただし、この対象となる会社は、監査役会設置会社（公開会社であり、かつ、大会社であるものに限る）であって金融商品取引法24条1項により有価証券報告書を提出しなければならない会社である[5]。

　この規定が設けられた結果、社外取締役を選任することは義務ではないものの、選任しない場合には、会社としては社外取締役を置くことが相当でない理由を株主総会で説明し（旧327条の2）、株主総会参考書類および事業報告で開示しなければならないこととなった（施行規74条の2、同124条2項）。しかも、この理由を当該監査役会設置会社の当該事業年度における事情に応じて記載し、または記録しなければならないこと、社外監査役が2人以上あることのみをもって当該理由とすることはできないこと（施行規124条3項）という制約もあり、社外取締役を選任しない場合の負担は必ずしも軽くはない。もちろんここに規定されている株主総会での説明は、株主から質問がなくても行う必要があり、その点で取締役の説明義務（314条）とは異なっていた。すなわち、当該総会に取締役選任議案が提出されていないときでも、また株主が質問をしなくても（質問があれば事業報告の内容として説明義務が生じるが）、毎年定時株主総会で説明するこ

────────

5)　このように対象を限定したのは、公開会社で大会社である株式会社は、類型的にみて、株主構成が頻繁に変動することや会社の規模に鑑みた影響力の大きさから、社外取締役による業務執行者に対する監督の必要性が高く、また、その会社の規模から、社外取締役の人材確保に伴うコストを負担しうると考えられ、その発行する株式について有価証券報告書を提出しなければならない株式会社は、類型的に、不特定多数の株主が存在する可能性が高いことから、社外取締役による業務執行者に対す監督の必要性がとくに高いと考えられたためである。坂本・一問一答86頁。

とが当然に求められるものである。

(3)　ここで求められているのは、社外取締役を置かない理由や置く必要がない理由ではなく、置くことが相当ではない理由である。社外取締役を置くことでかえって会社にとってはマイナス面が生じることを挙げなければならない。そのような理由を見つけるのは必ずしも容易ではない。適任者がいないとか、社外者が入ると意思決定に時間がかかり経営効率が落ちるとかが考えられる理由である。しかし、適任者がいないというだけでは相当でない理由にならないと解されていた（坂本・一問一答92頁）。もしもここで厳格な解釈に立てば、相当な理由と評価されるものはきわめて限られることとなり、ほぼ同条は社外取締役を設置する義務を課したのと同じことになるとも考えられた。しかし、一方でそのような解釈を採ることには疑問があるという見解もみられた（前田・ジュリ23頁）。

　それでは、取締役の選任議案が提出されている総会において、総会の場で「相当でない理由」を説明していない場合や、参考書類において全く理由を記載していない場合、およそ「相当でない理由」とはなり得ない内容のみを記載した場合、虚偽の内容を記載した場合、にはその法的効果はどうなるのであろうか。まず、これらの場合において、社外取締役を選任することなく社内取締役だけを選任した総会決議は、決議方法が法令に違反するとして、決議取消しの対象となると考えられる（坂本・一問一答96頁）。これに対して、一応説明や記載はなされているが選任しないことを納得できるかどうか見解が分かれるような理由を掲げた場合においてはどのような結果になるのであろうか。そのような場合については、株主総会における取締役の選任決議が株主の多数決で成立したならば、取締役は有効に選任されたことになると考えられる。これは結局株主の判断で決める問題であって、総会決議の瑕疵とは解されないであろう[6]。相当でない理由かどう[7]

---

6)　坂本＝辰巳＝渡辺12頁は、そのような取締役選任議案を承認するかどうかは株主が決めるとする。岩原＝神田＝野村30頁では、説明される理由は客観的に合理的である必要まではないとする。

7)　江頭389頁では、説明された理由に客観的合理性があるか否かは、株主の将来の投資判断等には影響を与えうるとしても、直接に何らかの法的効力を生じさせるものではないとして

かは究極的には株主に任されていると考えてよいであろう。

　(4)　この法改正以降、社外取締役を選任する公開会社は急増し、上場企業に限っていえば社外取締役を1名も選任していない会社はほとんどみられず、複数名の社外取締役を置く会社がきわめて多い状況になってきた。[8]そうであれば、一歩進めて、社外取締役の選任義務づけを会社法で行うべきであるという声が強くなることは当然予想されたところであり、令和元年改正にあたっては検討すべき事項として当初から取り上げられることになった[9]（本書第45章Ⅱ参照）。

　もっとも、会社法では社外取締役が社外取締役であるがゆえに行わなければならない職務を明示しているわけではなかった。平成26年改正で詳細になった社外取締役の定義規定も、消極的な定めであり、積極的に社外取締役のあるべき姿を定義しているわけではない（2条15号）。その意味では社外取締役の選任を会社法で義務づけることにより、わが国の株式会社にどのような変化が生じるのか必ずしも明確には予測できない。しかし、コーポレートガバナンス・コードは上場会社が尊重すべき原則を東京証券取引所によって定めているものであるが、このコードでは、社外取締役に多様な役割を与え、多くのことを期待しており、各社がその期待に応えていくことを前提にするならば社外取締役を法的に義務づけることは、わが国の取締役制度のあり方を大きく変えるものともいえるかもしれない。

　(5)　平成26年改正で新たに設けられた監査等委員会設置会社を採用するには社外取締役を選任することは不可欠になっている（331条6項）。その結果、監査等委員会設置会社が法定されたことは、社外取締役を選任する会社の増加をもたらす1つの大きな要因となった。

いる。

8)　コーポレートガバナンス・コードでは、東証上場会社が独立社外取締役を2名以上選任していない場合には、コーポレートガバナンス報告書において理由を説明することを義務づけており、これが社外取締役の増加を促したともいえる。有価証券上場規程（東京証券取引所）436条の3参照。

9)　平成26年改正附則25条では、「政府は、この法律の施行後2年を経過した場合において、社外取締役の選任状況その他の社会経済情勢の変化等を勘案し、企業統治に係る制度の在り方について検討を加え、必要があると認めるときは、その結果に基づいて、社外取締役を置くことの義務付け等所要の措置を講ずるものとする。」と規定されていた。

　なお、平成26年改正では社外監査役についても、社外取締役とほぼ同様に、定義規定の厳格化が図られている。ただし、その選任義務は従前通りであり（335条3項により監査役会設置会社において3人以上の監査役の半数以上を社外監査役とする）、comply or explain rule は採用されていない。

　責任の一部免除に関して、平成26年改正前は社外取締役であるかどうかで扱いが異なっていたが、平成26年改正会社法では、業務執行取締役であるかどうかで区別するように変更されている。これは、前述したように社外取締役の要件を厳格化したことにより、免除制度によって保護される対象者が少なくなることを避けようとするものである。

II　監査等委員会設置会社制度の創設

●───1　監査等委員会設置会社の趣旨

　会社法では、監査役を置く会社のほかに、執行と監督の分離を意図して、指名委員会等設置会社が規定されていた。しかしながら、この制度は、あまり普及してこなかった。その主たる理由として考えられることは、3つの委員会を置かなければならないこと、とりわけ指名委員会や報酬委員会を設け、その構成員の過半数を社外取締役としなければならないことが、会社にとって負担に感じられたからであると思われる。そこで、平成26年改正では、これとは別に監査等委員会設置会社が設けられている。この制度では取締役会の監査・監督機能を充実させることが意図されている。すなわち、監査等委員会設置会社では、取締役会の監督機能の充実という観点から、自ら業務執行をしない社外取締役を複数置くことで業務執行と監督の分離を図りつつ、そのような社外取締役が中心となって、監査を担うとともに、経営者の選定・解職等の決定への関与を通じて監督機能を果たすことを意図するものである（坂本＝高木＝宮崎＝内田＝塚本128頁以下参照）。この形態を採用するか否かは定款自治に任されており、これを採用できる会社も公開会社や大会社に限られない。最近では、監査役会設置会社から監査等委員会設置会社に移行する会社が多数みられている。

　監査等委員会設置会社では、取締役が就任する監査等委員が、監査役と

は異なり取締役会での議決権をもっている。また、監査等委員は、指名委員会等設置会社の監査委員に比べて、指名委員会・報酬委員会を置くことができない（任意に置いても会社法上の権限をもたない）ことを補うために、その権限が強化されている。たとえば監査等委員会が選定する監査等委員は、監査等委員以外の取締役に関する選任・解任や報酬についても、株主総会で意見を述べることができる点が重要である（342条の 2 第 4 項）。監査等委員会設置会社では、取締役会と会計監査人は必置機関である（327条 1 項 3 号、 5 項）。一方、監査機関の重複を避けるために、監査役を置くことはできない（同条 4 項）（坂本・一問一答25頁）。また、代表取締役の選定においては、監査等委員である取締役から代表取締役を選ぶことはできない（399条の13第 3 項）。

　以下では、監査等委員会制度を概観しておこう。

●───2　監査等委員である取締役

　(1)　他の取締役との差異　　監査等委員会はすべての監査等委員から組織され、監査等委員はすべて取締役である（399条の 2 第 1 項、 2 項）。監査等委員会の委員は取締役であるが、監査等委員に就任する取締役は、それ以外の取締役とは多くの点で区別されている。たとえば、選任も他の取締役と区別して株主総会の決議によって選任されることや（329条 2 項）、監査等委員である取締役の解任は、株主総会の特別決議による（309条 2 項 7 号）等、他の取締役とは異なる扱いを受ける。監査等委員会設置会社では、監査等委員である取締役は 3 人以上で、その過半数は社外取締役でなければならない（331条 6 項）。

　監査等委員である取締役は、監査等委員会設置会社または子会社の業務執行取締役、支配人、その他の使用人、子会社の会計参与・執行役を兼ねることができない（331条 3 項）。取締役の任期については、監査等委員でない取締役は、原則選任後 1 年以内に終了する事業年度のうち最終のものに関する定時株主総会の終結の時までである。一方、監査等委員である取締役の任期は、この「選任後 1 年以内」が「選任後 2 年以内」とされてお

り、監査等委員になれば最長期間が長い[10]（332条3項、4項）。監査等委員が落ち着いて監査することを意図して、監査等委員である取締役の任期は、定款や総会決議でも短縮することはできないことが定められている[11]（同条4項）（坂本33頁）。

　取締役会の招集権者が定められている場合においても、監査等委員会の選定する監査等委員は取締役会を招集することができる（399条の14）。

　なお、競業および利益相反取引規制（356条）は他の取締役と同様であるものの、監査等委員が取引当事者でない場合に、利益相反取引について監査等委員会が承諾した場合には、任務懈怠が推定される423条3項が適用[12]されないとされている（423条4項）。ここには、監査等委員会設置会社を選択する動機づけをするという立法者の意図があるのかもしれない。ただし、推定されないだけであり、監査等委員会が承諾しても、裁判所が取締役の任務懈怠を認定することは可能である。

　このように監査等委員である取締役は他の取締役と異なることから、監査委員を辞めて一般の取締役になることは予定されておらず（坂本・一問一答37頁）、それを望む場合には監査等委員である取締役を辞任したうえで、株主総会で新たに取締役として選任されるほかない。

　(2)　監査等委員の選任、解任、報酬　　監査等委員については業務執行者からの独立性を確保するために、取締役が株主総会に監査等委員である取締役の選任議案を提出するには、監査等委員会の同意を求めている（344条の2第1項）。監査等委員会は取締役に対して、監査等委員である取締役の選任を株主総会の議題とすることを請求できる（同条2項）。

　監査役の場合と同様、監査等委員である取締役の選任、解任、辞任、報

---

10)　ただし、任期が1年で業務執行を行う取締役と、任期が2年の監査等委員である取締役、さらにそれぞれの取締役でかつ社外取締役がいると、異質の取締役が混在することで取締役会の円滑な運営に支障を来すおそれはないのかとの指摘もみられる。森本15頁。
11)　身分保障を強化する一方で、取締役会の構成員として業務執行の決定に関与することから選任を通じた株主の監督を受ける頻度を監査役よりも多くする必要があった。坂本・一問一答33頁。
12)　この承認は事前の承認に限られると解される。要綱案段階でも事前に承認した場合と明記されていた（要綱案第1部・第1・1(4)⑨）。

酬について、監査等委員である取締役は株主総会において意見を述べることができる（342条の2第1項、361条5項）。辞任した者は、辞任後最初の株主総会に出席して辞任の理由を述べることができる（342条の2第2項）。しかも監査役と異なり、監査等委員会の選定した委員は、監査等委員でない取締役に関する選任、解任、辞任、報酬についても、意見を述べられる（同条4項、361条6項）。このような規定が置かれているのは社外取締役による経営を評価する機能が期待されたためである。取締役の報酬についても、監査等委員である取締役とそれ以外の取締役とで区別して定める（361条2項）。株主総会決議や定款で決められた取締役の報酬のうち、監査等委員である各取締役の報酬の決定は監査等委員である取締役の協議で定める（361条3項）。監査役の場合（387条2項）にならったものである。

●───3　監査等委員会の権限

　監査等委員会の主たる職務は、取締役の職務執行の監査と監査報告の作成であるが、さらに、会計監査人の選任・解任議案の決定や、監査等委員ではない取締役に関する選任、解任、辞任、報酬についての監査等委員会の意見の決定もその職務である（399条の2第3項、342条の2第4項、361条6項）。そして、監査等委員会で選定された監査等委員は、監査役等に職務執行の報告を求める権限や監査等委員会設置会社の業務・財産の調査を行う権限をもつこと（399条の3）、会社・取締役間の訴訟（監査等委員が当事者である場合を除く）で会社を代表する権限があることが規定されている（399条の7）。また、各監査等委員は株主総会や取締役会への報告義務があること（399条の4、399条の5）、各監査等委員は取締役の行為を差し止める権限があることが規定されている（399条の6）。監査等委員会の運営は、ほぼ指名委員会等設置会社の委員会と同様である（399条の8〜399条の12）。議事録の扱いも同様である（399条の11）。

　なお、監査等委員会による監査は内部統制システムを利用して行うことが予定されていることから、監査役会設置会社における常勤監査役のような、常勤の監査等委員の設置は求められていない（坂本・一問一答38頁）。

　監査役と同様、監査等委員が監査等委員会の職務の執行に関して、会社に対して費用の前払いや支出した費用の償還等を請求したときは、会社は、当該請求にかかる費用または債務が当該監査等委員の職務の執行に必要でないことを証明した場合を除き、これを拒むことができない（399条の2第4項）。

●────4　監査等委員会設置会社における取締役会の権限

　ひとことでいえば、監査等委員会設置会社における取締役会の権限は、業務執行の決定と監督および代表取締役の選定・解職である。そこでは、監視・監督の職務が重視されており、必ずしも細目的な事項を決定するのは適切ではないと考えられている[13]。取締役会が必ず決定しなければならないのは、経営の基本方針、監査等委員会の職務執行について法務省令の定める事項、および内部統制体制の整備である（399条の13第1項、2項）。ただし、一般の会社の取締役会の専決事項（362条4項）や重要な業務執行の決定については、取締役に決定を委任することはできないことを原則とするものの（399条の13第4項）、指名委員会等設置会社の執行役への委任と同様の委任をすることを認めている。すなわち、取締役の過半数が社外取締役である場合には、取締役会決議で重要な業務執行（一部の例外事項を除く）の決定を取締役に委任することができる（同条5項）。また、このような社外取締役要件を満たさなくても、定款で定めれば、取締役決議で重要な業務執行（同様に一部の例外事項を除く）を取締役に委任できる[14]（同条6項）。

Ⅲ　会計監査人の選任・解任および報酬等

　会計監査人の独立性を確保するために、平成26年改正では監査役の決定

---

13)　坂本・一問一答64頁によれば、業務執行者の監督により専念できることを意図したとする。

14)　指名委員会等設置会社のようには監督機能が強化されていないことから、このような権限委任には疑問も生じるとの意見もみられていた。前田・株式会社法大系273頁。

権限を拡充している。すなわち、同年改正前の会社法では、監査役設置会社においては、株主総会に提出する会計監査人の選任および解任ならびに会計監査人を再任しないことに関する議案の内容は、取締役または取締役会が決定するとされていた（298条1項、4項参照）。この点について、平成26年改正では監査役が決定すると改めた（344条1項）。ただし、監査役が2人以上ある場合には、監査役の過半数をもって決定し（同条2項）、監査役会設置会社については、監査役会が決定するものとした（同条3項）。また、これらの権限行使の実効性を高めるために、権限行使に関する開示を充実させている（坂本・一問一答137頁）。すなわち、会社法施行規則では、会計監査人選任議案に関する株主総会参考書類の記載事項として、監査役等が当該候補者を会計監査人の候補者とした理由の記載を求め（施行規77条3号）、会計監査人の解任・不再任議案に関する株主総会参考書類の記載事項として、監査役等が解任・不再任議案の内容を決定した理由の記載を求めた（施行規81条2号）。

　さらに、会計監査人の独立性を確保するためには、その報酬を監査役等が決めることも考えられたが、報酬の決定については取締役または取締役会が行うとし、監査役は同意権を有するにとどめた（399条）。これは、会計監査人の報酬等の決定については、財務に関する経営判断と密接に関連するものであるため、業務執行（決定）機関から分離された監査専門機関である監査役等が会計監査人の報酬等を決定することは、必ずしも適切ではなく、監査役等が会計監査人の報酬等の決定についての同意権を適切に行使することによって、会計監査人の独立性を確保することも可能であると判断されたためである（坂本・一問一答138頁）。

Ⅳ　資金調達にかかる規律の強化

●──1　支配株主の変動を伴う募集株式の割当て

　(1)　既存株主の保護の必要性　　公開会社では有利発行の場合を除き、授権株式の範囲内であれば、募集株式の発行を取締役会が決定することができる（201条1項）。また、募集株式の割当ても取締役会で決められる

（204条 2 項）。しかしながら、たとえば買収防衛策などで、大量の募集株式の発行が行われる場合には、既存株主の経済的な利益が損なわれるうえに、株式発行の結果、支配株主に変動が生じるのであれば、公開会社の経営のあり方に重大な影響を及ぼすことがありうることになる。そのような影響から既存株主を保護する必要があると思われる。このため、学説では、大量の第三者割当増資には株主総会の議決を要求すべきとの立法論が古くから展開されていた。一方、経済界は、資金調達の機動性を害することを懸念してそのような考えには反対していた（岩原＝神田＝野村42頁、44頁）。平成26年の改正の際には、新たな支配株主が現れることとなるような募集株式の割当てについては、既存の株主に対する情報開示を充実させるとともに、その意思を問うための手続を設けることが必要であると考えられた（坂本＝高木＝宮崎＝内田＝塚本149頁）。

　このような背景から、平成26年改正では、募集株式の割当てまたは総株引受契約の締結により募集株式の引受人となった者が、当該募集株式の発行等の結果として公開会社の総株主の議決権の過半数を有することとなる場合には、会社は株主に対して当該引受人に関する情報を通知することを求め、そのうえで総株主の議決権の10分の 1 以上の議決権を有する株主から反対の通知があった場合には、当該引受人に対する募集株式の割当て等について、株主総会の決議による承認を要することとした（206条の 2 ）。これは、ある程度の反対株主がいる場合には総会決議を求めるとともに、大多数の株主が反対していない場合には、あえて総会決議を要求することは資金調達の機動性を害し、総会開催の無用なコストを生じさせて株主の利益を害すると考えられたからである（坂本＝高木＝宮崎＝内田＝塚本150頁）。

　(2)　規制の内容　　第三者割当増資の結果、株式引受人（この子会社が有する分を含めて）が総株主の議決権の過半数を有するような募集株式の発行を行う場合には、この場合の引受人を特定引受人と呼び、公開会社は、払込期日の 2 週間前までに、特定引受人の氏名・住所、特定引受人が有することになる議決権の数を、株主に対し、通知または公告しなければなら

ないとしている（206条の2第1項、2項）。ただし、これには例外があり、特定引受人がすでに当該公開会社の親会社になっている場合や、株主割当ての場合、有価証券届出書を提出している場合には、通知・公告は不要である（同条1項ただし書、3項）。

　この通知または公告の日から2週間以内に、総株主の議決権の10分の1以上を有する株主が募集株式の引受けに反対する旨を会社に通知したときは、この募集株式の割当て（または205条の総数引受契約）について、会社は払込期日の前日までに株主総会の決議による承認を受ける必要がある[15]（206条の2第4項）。総会決議は特別決議ではないが、取締役選任の場合と同様の議決要件（341条）である（206条の2第5項）。

　また、会社の財産状況が著しく悪化しており、会社の事業継続のために緊急の必要があるときは、株主総会の承認が不要となる（206条の2第4項ただし書）。ここでは倒産の危機が迫っており、株主総会を開催していると会社自体の存立が危ぶまれるような事態が想定されている（坂本＝高木＝宮崎＝内田＝塚本150頁）。この場合に、株式の発行を争おうとする株主は差止請求をすることになる（210条）。

　さらに、公開会社における募集新株予約権の割当てについても、引受人が新株予約権の行使の結果、総株主の議決権の過半数を有する事態が生じうるので、同様の趣旨から同様の規定が置かれた（244条の2）。

●────2　出資の履行の仮装

　会社の設立手続の際に、もしも出資の履行が仮装であることが判明した場合には、会社に十分な財産が確保されず、仮装した者がそのまま株主になれば不公正な結果となるおそれがある。もちろん、払込みがなされることなく、払込期日や払込期間が経過したならば、発起人や株式引受人は、株主となる権利を失うことになる（36条3項、63条3項参照）。しかし、発

---

15)　反対通知があったにもかかわらず株主総会の決議がなかった場合には、募集株式の発行は無効となる。岩原＝神田＝野村48頁。

起人や株式引受人を失権させてしまうと会社に十分な資金が入らない結果となるし、第三者の信頼を害することにもなる。そこで、平成26年改正では、出資の履行を仮装した発起人や設立時募集株式の引受人は、払込期日や払込期間が経過した後でも、引き続き出資を履行する義務を負うと規定された（52条の2第1項、102条の2第1項）。これは現物出資の場合であっても同様である。会社は当該給付に代えて、価額に相当する金銭の支払を請求することもできる。発起人等の履行義務は、総株主の同意がなければ免除できない（55条、102条の2第2項）。

　このような仮装の出資の履行について関与した発起人や設立時取締役等（施行規7条の2、同18条の2参照）は、会社に対して払込人と同様の義務を負う（52条の2第2項、103条2項）。ただし、注意を怠らなかったことを証明した取締役（仮装の出資をしたものを除く）は除外される（52条の2第2項ただし書、103条2項ただし書）。この義務は、総株主の同意がなければ免除できない（55条、103条3項）。

　上記の払込義務が履行された後でなければ、発起人・引受人は株主の権利を行使できない（52条の2第4項、102条3項）。もっとも、この発起人・引受人から株式を譲り受けた者の保護を図らなければ取引の安全を害することになる。そこで、譲受人は悪意または重過失がない限り、株主としての権利を行使することができる（52条の2第5項、102条4項）。

　以上のことは、募集株式の発行における仮装払込みの場合も同様である。仮装した引受人は、払込期日や払込期間が経過した後でも、引き続き出資を履行する義務を負うこととされている（213条の2第1項）。これは現物出資の場合であっても同じであるが、会社は当該給付に代えて、価額に相当する金銭の支払を請求することもできる。履行義務は総株主の同意がなければ免除できない（同条2項）。

　設立時の場合と同様、このような仮装の出資の履行について関与した取締役等は、会社に対して払込人と同様の義務を負う。ただし、注意を怠らなかったことを証明した取締役（仮装の出資をしたものを除く）は除外される（213条の3第1項）。上記の払込義務が履行された後でなければ、引受

人は株主の権利を行使できない（209条2項）。もっとも、この引受人から株式を譲り受けた者の保護を図らなければ取引の安全を害することになる。そこで、譲受人は悪意または重過失がない限り、株主としての権利を行使することができる（同条3項）。このことは発行された株式が無効ではないことを示す。

　さらに、新株予約権にかかる払込み等が仮装された場合も、同様の規定が置かれた（286条の2、286条の3）。

●───3　新株予約権無償割当てに関する割当通知

　ライツ・オファリングは、既存株主に対して持ち株比率に応じて、無償で新株予約権を付与して、会社が資金調達することである。この場合、新株予約権は譲渡可能であり、株主は新株予約権を行使して株式を取得することもできるし、新株予約権を市場で売却して現金を取得することもできる。もっとも、株主が新株予約権を行使しなければ、会社の資金調達目的は達成されない。そこで、あらかじめ一定の日までに行使されなかった新株予約権については、会社が取得し、これを証券会社に一括譲渡することを定めておけば、会社にとっては計画通りの資金調達が実現できる（これをコミットメント型と呼び、行使されない新株予約権を失権させるものをノンコミットメント型と呼ぶ）。証券会社はこれを行使して株式を取得し、この株式を売却することが考えられる。しかし、平成26年改正前は新株予約権無償割当てにおける割当通知（内容および数を通知）は、行使期間の初日の2週間前までにしなければならなかったため、使い勝手が悪かった。そこで平成26年改正では、これを行使期間の末日から2週間前として、ライツ・オファリングによる資金調達を完了させるのに必要な期間を短縮した（279条3項）。

　そもそも行使期間の初日の2週間前までに通知をしなければならないとされてきたのは、1つには新株予約権無償割当てを受けた株主に対して、新株予約権の行使の準備をする時間的余裕を与えるためである。もう1つは、このような通知は、新株予約権無償割当てにより株主が有する権利の

内容に変更が生じることから、その内容を株主および登録質権者に知らせるためである。前者については、割当ての通知は、新株予約権の行使期間の末日の2週間前までにされれば足りる。後者については、効力発生日後遅滞なく通知させる必要がある（坂本＝髙木＝宮崎＝内田＝塚本158頁）。そこで平成26年改正では、279条2項で、無償割当ての効力発生の日後遅滞なく、株主およびその登録株式質権者に対し、当該株主が割当てを受けた新株予約権の内容および数を通知しなければならないと定める。続いて同条3項で、通知がされた場合において、行使期間の末日が当該通知の日から2週間を経過する日前に到来するときは、行使期間は、当該通知の日から2週間を経過する日まで延長されたものとみなすと規定している。

Ⅴ　多重代表訴訟制度の創設

●──1　改正の趣旨

（1）　平成26年改正は、企業グループの頂点に位置する株式会社の株主が、その子会社（孫会社を含む）の取締役等の責任について代表訴訟を提起することができる制度として、いわゆる多重代表訴訟制度（特定責任追及の訴え）を創設した（847条の3）。ここに企業グループの頂点に位置する株式会社とは、法文上、最終完全親会社等と呼ばれる。最終完全親会社等は、被支配会社の完全親会社等であって、その完全親会社等がないものと定義されている（同条1項柱書かっこ書）。

　企業結合法制の整備を求める声はこれまで幾度となく提起されてきたが、平成26年改正はその要望にある程度応えたものといえる。なぜなら、企業結合法制の検討は日本の会社法制の永年の課題であったからである。これにつき、平成17年の会社法立法の際の国会衆参両院法務委員会附帯決議は、その検討を求めた。ただし、企業結合につき従来の関心が、主として親会社による子会社の搾取から子会社の少数株主や債権者を保護することにあったのに対し、近年は、逆に、親会社株主の子会社からの保護の問題に関心が移っていた。その背景には、平成9年独占禁止法改正による持株会社の解禁、平成11年商法改正による株式交換・株式移転制度の創設の結果、

経済界に持株会社が急速に広まったなかで、持株会社の業務や経営の実質的中心が子会社にあり、持株会社による子会社の経営の監督ははたして効果的に発揮されているのかという疑問があった。持株会社以外の一般の親子会社においても、子会社の不祥事や経営不振が企業グループ全体に大きな負の影響を及ぼす事例が少なからず発生するなど、実際に業務上の問題が起きている子会社の経営に対し、株主からのチェックを働かせるための制度的措置が求められるようになっていた（岩原・解説〔Ⅲ〕5頁）。したがって、平成26年改正で実現した多重代表訴訟制度は、株式会社たる親会社の株主が株式会社たる子会社や孫会社等の取締役等に対して、責任を追及できる内容となっている。

　(2)　多重代表訴訟制度は、株主代表訴訟制度を基礎にこれを修正して制度設計されている。多重代表訴訟において、まず株主に提訴請求をさせ、当該請求の日から60日間の待機期間を設定し、その間に会社が責任を追及する訴えを提起しないときに（会社に回復することができない損害が生じるおそれがある場合には直ちに）株主に提訴を認めるという手続の概要は、通常の株主代表訴訟の場合と同様である（847条の3第1項、7項、9項と847条1項、3項、5項を対比）。また、不提訴理由の通知制度も、通常の株主代表訴訟の場合と同様に法定されている（847条の3第8項と847条4項を対比）。さらに、平成26年改正にあわせて、監査役の権限（386条）、訴訟費用（847条の4）、訴訟参加（849条）などの諸規定に多重代表訴訟を含めるための所要の改正が行われた。

●───2　改正法の概要

　(1)　実現した多重代表訴訟制度は、法制審の審議の過程で学者委員と経済界代表委員の間で激しい議論を経た結果として、次のように限定的な形で導入されることとなったことに留意を要する。

　すなわち、①多重代表訴訟の提訴資格が認められるのは、最終完全親会社等の議決権の100分の1以上の議決権または発行済株式（自己株式を除く）の100分の1以上の数の株式を有する株主に限られる（847条の3第1

項柱書）。通常の株主代表訴訟においては、原告資格は原則として単独株主権として構成され、１株（１議決権）しか有しない株主でも、取締役等の責任を追求する訴えの提起を請求することができる（847条１項）。これに対して多重代表訴訟は、通常の株主代表訴訟と異なり、原告となるべき最終完全親会社等の株主と責任を追及される完全子会社の取締役等との間の関係が、最終完全親会社等や中間子会社を含むその完全子会社を通じた間接的なものとなる（利害関係がリモートである）ため、利害関係をより強く有する場合に限って、多重代表訴訟の提訴権を認めるのが適切であると考えられた（岩原・解説〔Ⅲ〕６頁）。そのために提訴権が少数株主権とされたといわれる。もっとも、実質的には、濫用的提訴を阻止するための少数株主権と考えた方がわかりやすいともいえるが、後述するように、濫用的提訴に備えた規定が別途置かれているうえに、このような少数株主権化が必要であったかどうか議論が分かれうるところである。

　また、②多重代表訴訟の対象となるのは、重要な子会社の取締役等の責任（特定責任）に限られる（847条の３第４項）。ここにいう特定責任とは、取締役等の責任の原因となった事実が生じた日において、最終完全親会社等およびその完全子会社等（中間完全子会社）における株式会社の株式の帳簿価額が当該最終完全親会社等の総資産額の５分の１を超える場合における当該株式会社の取締役等の責任をいう（同項、施行規218条の６）。最終完全親会社等を有する株式会社においては、子会社の取締役であっても、実質的には、当該最終完全親会社等の事業部門の長である従業員にとどまる者であるケースがあろう。そのような者の損害賠償責任まで最終完全親会社等の株主による追及の対象とすることは、通常の代表訴訟が従業員の責任を訴訟の対象としていないことと均衡がとれないといえる（坂本・一問一答186頁）。そのような者に対しては、そもそも損害賠償を追及することは予定されていない。このような判断を基礎に、重要な完全子会社である株式会社の取締役等の責任に限って、その対象とされた。なお、総資産額の５分の１を要件としたのは、簡易事業譲渡（467条１項２号かっこ書）や簡易会社分割（784条２項）の総会決議不要要件を参考にしたと考えられ

る。

　(2)　そのほか、濫用的提訴を阻止する要件として、通常の株主代表訴訟の規定と同様の定めがある（847条1項ただし書と847条の3第1項1号を対比）。さらに、多重代表訴訟に特有の規定として、847条の3第1項2号は、「当該特定責任の原因となった事実によって当該最終完全親会社等に損害が生じていない場合」には、訴えが提起できない旨の定めがある。もしもこれに抵触すると、株主は多重代表訴訟を提起できないことになる。もっとも、同号に該当するケースはなにかについては、今後の解釈に委ねられている（神田・論点詳解100頁以下〔加藤貴仁〕）。

Ⅵ　親会社による子会社の株式等の譲渡

●───1　改正の趣旨

　(1)　平成26年改正は、467条1項を改正し、一定の条件を満たす子会社の株式または持分の全部または一部の譲渡に対して、事業譲渡の規律を及ぼすことにした（467条1項2号の2の追加）。ここに「一定の条件」とは、当該譲渡により譲り渡す株式または持分の帳簿価額が当該株式会社の総資産額として法務省令（施行規134条）で定める方法により算定される額の5分の1を超え（467条1項2号の2イ）、かつ、当該株式会社が、効力発生日において当該子会社の議決権の総数の過半数の議決権を有しないとき（同号ロ）である。

　(2)　中間試案で改正提案がなされ、法制審の審議の過程で「5分の1」要件の緩和が主張されたが、最終的には試案のまま承認され、改正法として実現した（岩原・解説〔Ⅲ〕11頁）。

　改正前は、株式会社がその子会社の株式・持分を譲渡しようとする場合には、株主総会の承認が必要である旨の明文の定めはなかった。改正の趣旨は、親会社が子会社を通じて事業を営んでいると考えられるケースにおいて、親会社が、重要な子会社の議決権支配を失うことは、当該子会社の事業に対する支配を失うことを意味し、したがって事業譲渡と実質的に異ならない影響を親会社に及ぼすことが考えられることによる。改正により、

親会社の株主総会の承認決議（特別決議）を必要とするほか、反対株主の株式買取請求権制度（469条、470条）の適用がある。もっとも、略式事業譲渡の扱いを受ける場合があり（468条1項）、また、そもそも総資産比「5分の1」要件の定めは簡易事業譲渡の場合と平仄を合わせるものとなっている。後者については、株式会社が譲り渡す子会社の株式等の帳簿価額が小さい場合にまで常に株主総会の承認を強制することは、迅速な意思決定という企業集団における経営のメリットが損なわれるおそれがあるからである（坂本・一問一答243頁）。そこで、総資産比「5分の1」要件を満たす重要な子会社の株式等の譲渡を規制の対象とした。

●─── 2 改正法の概要

（1）467条1項2号の2ロは、当該株式会社が親会社でなくなるときではなく、その子会社の議決権の総数の過半数の議決権を有しないときと定める。会社法は親子会社関係を実質支配基準で規律する（2条3号、4号、施行規3条3項）。もしも実質支配基準をここにも適用しようとすると、株主総会決議の承認を要するか否かの判断に苦慮する場面も想定された。規律の適用を明確なものとする趣旨で改正法の文言が採用されたと説明されている（坂本・一問一答245頁）。もっとも、当該子会社の株式等の譲渡先が企業グループ内の別の子会社である場合や、元々議決権が過半数に達していないが親子会社に該当していたケース（実質支配基準による親子会社関係が認定されうるケース）で、持株等を他に譲渡する場合に、467条1項2号の2に該当するのかどうか解釈が分かれよう。

（2）また、市場に持株を分散売却するようなケースであっても、467条1項2号の2ロに文言上は該当すると考えられるが、はたして改正の趣旨に合致するといえるのか疑問も残る。[16)]

---

16) 最判昭和40年9月22日民集19巻6号1600頁は、営業譲渡（現行法の事業譲渡）の要件について、「譲渡会社がその財産によって営んでいた営業的活動の全部または重要な一部を譲受人に受け継がせ」ることを挙げている。

Ⅶ　新たなキャッシュアウト制度の創設等

●───1　特別支配株主の株式等売渡請求制度

　(1)　改正の趣旨　　平成17年に制定された会社法は、その是非はともかく、現金対価の組織再編や全部取得条項付種類株式を利用した場合等、いわゆるキャッシュアウト（少数株主の締出し）となりうる手段を複数法定していた。平成26年改正は、これらに加えて、新たに、特別支配株主の株式等売渡請求制度を創設した（179条〜179条の10）。対象会社の株主総会決議を要することなく、比較的迅速にキャッシュアウトを実現する制度として創設された。

　ただし、特別支配株主の株式等売渡請求制度が提案された趣旨は、株主が置かれる不安定な立場の解消にポイントがあったことに留意を要する。すなわち、既存のキャッシュアウト手段を利用する場合には原則として対象会社の株主総会決議を要し、そのため、キャッシュアウトの完了までに長い時間を要する。その結果、キャッシュアウトに先行して公開買付けが行われる多くの場合に、そのような長時間かかるキャッシュアウト手続では公開買付けに応じない株主が不安定な立場に立たされ、公開買付けに心ならずも応じざるを得なくなる可能性が高まるという指摘がなされていた（岩原・解説〔Ⅳ〕39頁）。新たな制度を創設することにより、対象会社の株主総会決議を省略できることを可能とし、株主が置かれる不安定な立場を解消できるのではないかと期待されたわけである。この制度を利用できる者は特別支配株主に限られ、これは略式組織再編の手続を利用できる者と同様に、原則として対象会社の総株主の議決権の10分の9以上を有することが要求される（179条1項かっこ書）。略式組織再編ですでに実現していることなので（784条1項、796条1項）、対象会社の株主総会決議を省略することが正当化されている。

　これに対して、通常の組織再編では株主総会決議を要することで、当該決議が株主総会決議取消訴訟の対象となりうる（831条1項3号）という意味で買収者への牽制たり得たが、平成26年改正により創設された特別支配

株主の株式等売渡請求制度には、株主総会決議を要しないので、そのような対抗策がなくなるという懸念もあった。そこで、改正法は、差止請求（179条の7）および売渡株式等の取得の無効の訴え（846条の2〜846条の9）を新設し、懸念に応えている。

　(2)　改正法の概要　　平成26年改正により創設された特別支配株主の株式等売渡請求制度は、条文上、対象会社について限定を置いていない。公開会社であれ非公開の会社であれ、株式会社であればすべて適用があるように読める。この点、法制審の審議過程において、非公開の株式会社を適用の対象とすることが適切であるか否か、議論があったようである。もっとも、結論的にはすべての株式会社が対象会社たりうるものとされた。もとよりキャッシュアウトがなされるかどうかはケース・バイ・ケースであり、この類型の会社は初めから適用対象外だと決めつける必要はあるまい。

　なお、株式等売渡請求という文言が示すように、売渡しの対象となる有価証券は、株式に限られない。すなわち、株式売渡請求にあわせて、対象会社が発行している新株予約権や新株予約権付社債も売渡対象とすることができる（179条2項、3項）。この点、これらの証券が残ってしまうと、それが権利行使され株式が発行されてしまう事態が予想され、キャッシュアウトの意義が損なわれることとなるから、改正法の扱いは妥当といえよう。

　(3)　株式等売渡請求の手続　　株式等売渡請求制度は、法形式的には特別支配株主と対象会社株主等との間の株式等の売買と構成されているが、公開買付けとは異なり、対象会社の取締役の頭越しに買付者が株主に対して買付けの申込みをできるわけではない。その意味で、敵対的な買付けは制度上できないように設計されている。

　条文上、株式等売渡請求の手続としては、まず、特別支配株主が法定事項（179条の2第1項）を定めて、次に、それを対象会社に対して通知し、同社の取締役（会）が承認することが要求される（179条の3第1項、3項）。対象会社の承認によって、対象会社を通じて（取得日の20日前までの通知・公告により）株主等に対する株式等売渡請求がなされたものとみなされる（179条の4第1〜3項）。売渡請求は取得日に効力を生じる（179条の9第1

項）。さらに、事前・事後の情報開示制度（書面等の備置き・閲覧等）が法定されている（179条の5、179条の10）。これは組織再編にならったものといえよう。

このような手続に関して、法制審の審議の過程においては、通知・公告のあり方が議論されたようである。結局、改正後の179条の4第2項は、対象会社の株主向けの個別の通知を強制し、公告への代替を認めていない。これは会社法では珍しい扱いである（201条4項、240条3項参照）。もっとも、上場会社は、振替株式を発行している関係で、社債株式振替法により、株主向けの情報提供は公告によることを強制される（社振161条2項）。したがって、179条の4第2項の適用を受けるのは上場会社以外の会社ということになる。個別の通知コストは特別支配株主の負担となる（同条4項）ので、コスト負担の面でキャッシュアウトに二の足を踏む者もありうるかもしれないが、それよりもむしろ、対象会社の株主が、持株の強制的買取りの対象となりながら救済措置（差止めや売買価格決定申立て）の機会を逃してしまうことの方が重大視されたのであろう。

対象会社の株主への通知（振替株式発行会社においては公告）により、特別支配株主と対象会社の株主（売渡株主）間の売買が擬制される（179条の4第3項）。それでは、たとえば、予想を超えて特別支配株主の財政状態が悪化し、対価の交付が困難になったようなケースでも売買は強制されるのであろうか。それでは不合理に思われるが、そうかといって無条件に撤回を認めることは売渡株主の予測可能性を害する危険がある。そこで、改正法は、取得日の前日までの株式等売渡請求の撤回を認めるが、対象会社の取締役（会）の承諾を条件とすることにした（179条の6第1項、2項）。個々の株主の撤回承認は要しない（同条6項参照）。結局、不合理な撤回による不利益が株主に及ばないようにするため、対象会社の取締役の善管注意義務の発揮が期待されるといえよう[17]。これに対して、売渡株主の方から

---

[17]　前述したように、対象会社取締役会の承認が前置される（179条の3第1項、3項）ことが示すように、株式等売渡請求制度は対象会社取締役の善管注意義務発揮が期待される制度設計になっている。

の契約解除は認められるのか。取得日後、相当期間経過してもなお代金支払がないという場合は、株主からの契約解除を認めることが合理的だと考えられる。

（4）売渡株主等の救済　　売渡株主等の救済は、改正法上、①株式売渡等差止請求（179条の7）、②売買価格決定申立て（179条の8）、および、③売渡株式等の取得の無効の訴え（846条の2〜846条の9）の3つの手段が定められている。

①の株式売渡等差止請求については、制度の建付けとして、売渡株式全部の取得を一体として差止めの対象とする。差止めの要件をみると、基本的には略式組織再編の差止請求制度（784条の2等）を参考に立法されたように思われる。もっとも、差止請求の要件として、買主である特別支配株主の株式売渡請求に法令違反があることが差止事由になることは当然であるが、それに加えて、売渡株主への通知や書面等備置きが対象会社の義務であることに照らして、対象会社の義務違反が「株式売渡請求の法令違反」とは独立して定められていることが注目される。また、取得対価の著しい不当性も差止事由の1つとされていることにも留意を要する。

②の売買価格決定申立てについては、基本的には全部取得条項付種類株式の価格決定申立て（172条）を参考に立法されたように思われるが、申立ての相手方が買主である特別支配株主である点に違いがある。

③の売渡株式等の取得の無効の訴えについては、売渡請求が多数の株主に影響を及ぼす行為であることを前提に、法的安定性や法律関係の画一的処理の要請が重視された。すなわち、将来効・対世効を有する（846条の8、846条の7）無効の訴えが法定され、無効の訴えをもってのみ効力が争われる（846条の2第1項）ことにした。このように、基本的には組織再編無効の訴え（828条以下）を基礎として制度設計されたように思われる。もっとも、売渡株式等の取得の無効の訴えにおいては、原告は、取得日において売渡株主等であった者、対象会社取締役であった者等である（846条の2第2項）。被告は、特別支配株主とされている（846条の3）。なお、無効事由のいかんは、法定されておらず、解釈に委ねられている。組織再編

の場合と同様に、重大な瑕疵に限定されることになろう。

●───2　全部取得条項付種類株式の取得にかかる改正

　(1)　改正の趣旨　　前述したように全部取得条項付種類株式の取得は、キャッシュアウトを実行する手段として実務に定着している。もっとも、多数の株主が株主の地位を失う可能性があるなど、組織再編の場合と同様、株主の権利にとくに大きな影響を及ぼすこととなるにもかかわらず、組織再編の場合と比較して、全部取得条項付種類株式の取得にあたって株主に対する情報開示が十分ではない等、株主保護について問題点が指摘されていた（坂本・一問一答292頁）。そこで、平成26年改正において、所要の改正が行われた。

　(2)　改正法の概要　　まず第1に、組織再編の場合と同様、事前の情報開示として取得対価等に関する書面等の備置き・閲覧等の規定が新設され（171条の2）、事後の情報開示として全部取得条項付種類株式の取得に関する書面等の備置き・閲覧等の規定が新設された（173条の2）。

　第2に、価格決定の申立期間を、平成26年改正前は取得の総会決議の日から20日以内とされていた（したがって、その間に取得日が到来する可能性があった）のを、吸収型組織再編の場合にならって、取得日の20日前の日から取得日の前日までと変更し（172条1項）、取得日までに株主に価格決定の申立てを行う機会を確保するように配慮し、また、株主が知らないうちに価格決定の機会を逸しないように、会社に対して、取得日の20日前までに、株主に全部取得条項付種類株式の全部を取得する旨の通知・公告を義務づけることとした（同条2項、3項）。

　第3に、平成26年改正前、価格決定の申立てを行った株主について、取得日に取得の効果として取得対価を受け取ることとなっていたため、裁判所の価格決定後の事後処理の煩雑さがあった（坂本・一問一答298頁）。そこで、価格決定の申立てを行った株主は、全部取得条項付種類株式の取得の効果が及ばないことを明確にした（173条2項かっこ書）。

　第4に、組織再編の場合と同様、株主に全部取得条項付種類株式の取得

を差し止める機会を与えるため、差止請求権が新設された（171条の３）。もっとも、条文上、差止事由が、全部取得条項付種類株式の取得が法令・定款に違反する場合であって、株主が不利益を受けるおそれがあるときに限られ、取得の対価の不十分が差止事由にあたるのか否か明確とはいえない。これは平成26年改正の解釈に委ねられた形である。株主総会決議を経て取得されるという理由で取得の対価の不十分を差止事由から除外することは、賛否が分かれよう。取締役の善管注意義務に、全株主に対する義務として適正な対価を受け取れるよう注意を払う義務が含まれるとして、取得対価の不十分をもって取締役の善管注意義務違反として「法令違反」に該当する（したがって、差止事由にあたる）と解する立場がありうる。もっとも、株主総会決議を要することが株主にとって自衛手段となりうるかどうかはともかく、ここでは善管注意義務と解する余地はなく、その意味で取得の対価の不十分は法令違反にあたらないというべきであろう。

●────3　株式併合にかかる改正

　(1)　改正の趣旨　　平成26年改正は、試案・要綱案を経て、既存の株式併合制度に対し一定の改正を加えた。その理由として、濫用的な株式併合による少数株主のキャッシュアウトの事件が発生したことにより、それが、日本の資本市場が株主・投資家の利益を軽視し、経営者側の事情を優先させる不公正な市場であることの象徴として、海外投資家等からの批判を招いたからである（岩原・解説〔Ⅳ〕51頁）。改正の狙いは、株式併合の対象となった株主のうち端数となる株式の株主に対し、保護を強化することにある。具体的には、①単元株式数を定めていない株式会社による株式の併合、および、②単元株式数を定めている株式会社による株式の併合であって、当該単元株式数に併合の割合を乗じて得た数に１に満たない端数が生ずるものが、改正法による保護の対象となる。

　(2)　改正法の概要　　そこで、まず第１に、組織再編の場合にならって、株主総会前の事前の情報開示として併合割合等に関する書面等の備置き・閲覧等の規定が新設され（182条の２）、併合の効力発生後の事後の情報開

示として併合後の発行済株式総数等に関する書面等の備置き・閲覧等の規定が新設された（182条の6）。

　第2に、事前の予防措置として、株主に株式併合を差し止める機会を与えるため、差止請求権が新設された（182条の3）。これも組織再編の場合にならった措置といえよう。もっとも、182条の3の文言上、差止事由が、株式の併合が法令・定款に違反する場合であって、株主が不利益を受けるおそれがあるときに限られ、併合条件の不当が差止事由にあたるのか否か明確とはいえない。これは改正法の解釈に委ねられた形である。前述したように、全部取得条項付種類株式の取得の場合と同様、株主総会決議を経て取得されるという理由で併合条件の不当を差止事由から除外することが、結論として支持される。

　第3に、既存の端数処理制度を補うため、反対株主に対し、1株に満たない端数となるものの全部を公正な価格で買い取ることを請求する権利が新たに付与され、あわせて、裁判所に価格決定の申立てを行う権利も新設された（182条の4、182条の5）。

　なお、すべての株式併合を対象とする改正も平成26年改正で行われている。すなわち、180条2項の決議事項に、効力発生日における発行可能株式総数が追加され（同項4号）、それは効力発生日における発行済株式総数の4倍を超えることができないことが、原則として強制されることとなった（同条3項）。公開会社において、いわゆる4倍ルールが、株式併合の場合にも及ぶことが明定された[18]。もしも4倍ルールに違反する株式併合が強行されてしまった場合に、当該決議の効力をどのように解すべきか。単なる手続上の瑕疵とはいえないのではないか。むしろ決議の内容が法令違反となり、決議無効確認訴訟の対象となると解される。

---

18)　もっとも、178条に定める株式の消却の場合には、同じく株式数が減少するにもかかわらず、現行法においても、消却後の発行可能株式総数は発行済株式総数の4倍を超える場合がありうる。株式消却は自己株式とセットになっていることから、自己株式の規制を経ることに正当性を求めることになろうか。

Ⅷ 組織再編にかかる改正

●───1 改正の趣旨

平成26年改正においては、中間試案・要綱案を経て、①組織再編等における株式買取請求権にかかる合理化、および、②組織再編における差止請求権の新設、という2方向の改正が行われた。前者の①については、一部の株主による株式買取請求権制度を利用した機会主義的な行動への批判がある。逆に、後者の②については、改正前の差止請求権制度の不備が批判されていた。このように両者については異なる背景を指摘できる。

●───2 改正法の概要

まず、①組織再編等における株式買取請求権にかかる合理化については、具体的には、次のような改正が実現した。

ⓐ会社法は、116条1項各号の行為や組織再編等において株式買取請求を行った反対株主に対して、買取請求の相手方である会社の承諾を得た場合等一定の場合に限って、その株式買取請求の撤回を認めている（116条7項、117条3項）。この定め自体が株式買取請求権制度を利用した機会主義的な行動を抑制する効果を狙ったものといえるが、株式買取請求の撤回ができなくなった後でも、反対株主は、株式買取請求にかかる株式を市場で売却することにより、事実上、会社の承諾を得ることなく株式買取請求を撤回することが可能になっていたといわれる（岩原・解説〔Ⅴ〕5頁）。

そこで、平成26年改正においては、社債株式振替法が改正され、同法155条において、新たに、株式発行会社に対し、買取請求対象となる株式にかかる振替用口座（買取口座）の開設を強制し、反対株主に対しては、この買取口座を振替先口座とする振替の申請を行わない限り、買取請求の効力が発生しないものとされた。そして、買取りが実現された場合に限り、買取口座から会社の自己の口座への振替が行われる仕組みが採用された。

上記と同様の趣旨から、振替株式以外の株式のうち、株券発行会社に対して株式買取請求権を行使しようとするときには、当該株式の株主は、原

則として、当該株式にかかる株券の提出を義務づけられる旨の改正（785
条6項等）、さらに、振替株式以外の株券不発行会社に対して株式買取請
求権が行使された場合に備えて、当該株式について133条の適用を除外し、
会社に対する対抗要件である株主名簿書換えの請求を行使できないよう措
置する改正（785条9項等）により、株式買取請求の撤回制限の実効性を高
めている。

　ⓑ会社法は、平成26年改正前には、116条1項各号の行為をする株式会
社、事業譲渡等をする株式会社、存続株式会社等、吸収分割株式会社また
は新設分割株式会社に対して行われる株式買取請求について、株式買取請
求にかかる株式の代金の支払時に、その買取りの効力が生ずることとされ
ていた（改正前117条5項、798条5項等）。そのため、買取請求を行った株
主であっても、代金が支払われ買取りの効果が生ずるまでの間、株主とし
て権利行使が認められる一方、効力発生日から60日経過後には買取代金に
は法定利率の金利が上乗せされることから、「二重取り」の批判があった
（坂本・一問一答329頁）。

　そこで、平成26年改正は、株式買取請求について、株式の買取りの効力
が生ずる時を、代金支払時から組織再編等の効力発生日に改めることとし
た（798条6項等）。これにより、効力発生日以降は株主権行使の機会はな
くなった。また、株式買取請求にかかる株式について、価格決定前の支払
制度が新設され、いわゆる仮払制度の創設（786条5項等）によって、仮払
いされた分の金額には法定利率の金利が上乗せされるおそれは解消される
こととなった（民法改正の影響について、本書第43章Ⅲ参照）。

　ⓒ会社法の株式買取請求の趣旨が、会社組織の基礎に本質的変更をもた
らす行為に反対する株主に投下資本の回収の機会（一部清算）を与えるこ
とにあることから、平成26年改正は、簡易組織再編の場合はこのような基
礎的変更に当たらないとして、吸収分割会社の株主、存続株式会社等の株
主、および、簡易な事業全部の譲受けの場合の譲受会社の株主に対して、
株式買取請求権を認めない旨の改正を行った（785条1項2号、797条1項た
だし書、469条1項2号）。

ⓓ ⓐ～ⓒに対して、株主保護の強化を意図した改正も行われている。すなわち、平成26年改正前にはいわゆる略式組織再編に該当する場合にのみ株主の差止請求権が法定されていた（改正前784条2項、796条2項）が、略式組織再編に限らず一般の組織再編においても、事前に組織再編の効力発生を差し止める機会を株主に付与することを否定する合理的理由は見当たらなかった。そこで、平成26年改正は、簡易組織再編の場合を除き、一般的な組織再編の差止請求権を認める明文の規定を置くこととした（784条の2、796条の2、805条の2）。

もっとも、平成26年改正においては、略式組織再編に該当する場合には差止事由として法令・定款違反に加えて再編条件の不当も主張しうる（784条の2第2号、796条の2第2号）のに対して、それ以外の一般的な組織再編に該当する場合には、法令・定款違反のみが差止事由とされており（784条の2第1号、796条の2第1号、805条の2）、法令・定款違反に取締役の善管注意義務違反が含まれ、ひいては事実上再編条件の不当を差止事由として主張しうるか否か、今後の議論を待つこととなった[19]。しかし、前述したように、一般的な組織再編の場合に、再編条件の不当は差止事由にあたらないと解すべきであろう。

IX 詐害的な会社分割等における債権者保護

●――1 改正の趣旨

平成26年改正前、たとえば、物的分割型の吸収分割において、吸収分割会社が、吸収分割承継会社に債務の履行を請求することができる債権者（その債務が承継会社に承継される債権者）と吸収分割承継会社に承継されない債務の債権者とを恣意的に選別したうえで、吸収分割承継会社に優良事業や資産を承継させ、その結果、承継されない債権者（残存債権者）が十分に債務の弁済を受けることができないこととなるなどの残存債権者を害する会社分割を、一般的に「詐害的な会社分割」と呼んでいた（坂本・一

---

19) この点、岩原・解説〔IV〕9頁は、否定的な立場を明らかにしている。

問一答344頁）。このような詐害的な会社分割が、単に机上の空論ではなく、現実に行われていることが裁判例において明らかにされた（新設分割の事例として、最判平成24年10月12日民集66巻10号3311頁参照）。残存債権者の保護をいかに図るか、立法的対応が期待された。

　また、平成26年改正前、分割会社に知られていない債権者の保護も問題となっていた。すなわち、平成26年改正前後を通じて、会社法は、債権者保護として、一定期間内に異議を述べることができる旨を、分割会社に知られている債権者（異議を述べることができる債権者に限る）に対しては官報公告に加えて各別の催告を要するものとしている（789条2項）。各別の催告をしないと、改正前759条2項、3項の適用を受けることとなった。[20]もっとも、不法行為債権者を除き、官報公告＋日刊新聞紙公告（あるいは電子公告）を行った場合には、各別の催告を省略でき（789条3項）、したがって改正前759条2項、3項の適用から外れることになっていた。ところが、平成26年改正前には、分割会社に知られていない債権者について、そもそも各別の催告はなしえないことから、官報公告さえしておけば、これら債権者は改正前759条2項、3項の適用を受けることができず、分割契約に従って分割会社・承継会社のいずれか一方からのみ弁済を受けられるにすぎないと解されていた。もっとも、分割会社に知られているか否かという違いのみで、このような扱いの差を正当化することは難しいように思われた。

　これらの問題点への対応として、平成26年改正が実現した。

---

20)　平成26年改正前の759条2項は、「第789条1項2号（……）の規定により異議を述べることができる吸収分割会社の債権者（第789条2項（……）の各別の催告をしなければならないものに限る。）が第789条2項の各別の催告を受けなかった場合には、当該債権者は、吸収分割契約において吸収分割後に吸収分割会社に対して債務の履行を請求することができないものとされているときであっても、吸収分割会社に対して、吸収分割会社が効力発生日に有していた財産の価額を限度として、当該債務の履行を請求することができる。」と定めていた。また、759条3項は、「第789条第1項第2号の規定により異議を述べることができる吸収分割会社の債権者が同条2項の各別の催告を受けなかった場合には、当該債権者は、吸収分割契約において吸収分割後に吸収分割承継株式会社に対して債務の履行を請求することができないものとされているときであっても、吸収分割承継株式会社に対して、承継した財産の価額を限度として、当該債務の履行を請求することができる。」と定めていた。

●───── 2　改正法の概要

　(1)　詐害的な会社分割への対応　　平成26年改正は、民法上の詐害行為取消権（民424条）の適用を否定することなく、端的に、残存債権者は、分割承継会社（および分割新設会社）に対して、債務の履行を直接請求することができることとすることが直截かつ簡明であるという考え方に立ち（坂本・一問一答344〜345頁）、吸収分割会社が残存債権者を害することを知って会社分割をした場合には、当該残存債権者は、吸収分割承継会社に対して、債務の履行を請求することができるものとした（759条4項。新設分割について764条4項参照）。ここにいう「債権者を害する」という要件については、典型的には、分割会社が会社分割により債務超過となる場合がこの要件を満たすことになると考えられている（坂本・一問一答345頁）。ただし、この要件を満たすケースは他にもないかどうか、今後の解釈に委ねられよう（なお、民法改正の影響につき、本書第43章Ⅳ参照）。

　そのほか、事業譲渡についても、事業の譲受会社に承継されない債権者（残存債権者）を害する詐害的な事業譲渡が行われるおそれは否定できない。そこで、平成26年改正において、残存債権者の保護規定が新設された（23条の2）。商法上の営業譲渡についても同様である（商18条の2）。

　(2)　分割会社に知られていない債権者の保護　　平成26年改正は、分割会社に知られているか否かにかかわらず、会社分割に対して異議を述べることができる債権者であって、各別の催告を受けなかったもの（分割会社が、官報公告＋日刊新聞紙公告（あるいは電子公告）を行った場合には、不法行為債権者に限る）は、吸収分割契約（または新設分割計画）の内容のいかんにかかわらず、分割会社および承継会社（または新設会社）の双方に対して債務の履行を請求できることとして、解決を図った（759条2項、3項、764条2項、3項）。

第43章　平成29年民法（債権関係）改正に伴う会社法改正

　平成29年には民法の改正が行われ、債権関係の規定についての全般的な見直しが行われた。これに伴い他の法律の整備も必要となり、「民法の一部を改正する法律の施行に伴う関係法律の整備等に関する法律」が成立し、これにより会社法の規定が改められた。

I　意思表示に関する改正

　会社法では、発起人が株式引受けについて錯誤があったとしても、会社成立後は無効の主張はできないし（旧51条2項）、設立時募集株式の引受人も、会社の成立後または創立総会（種類創立総会を含む）で議決権を行使した後は、無効の主張ができない（旧102条6項）とされていた。平成29年改正民法では、錯誤の効果を無効から取消しに改めた（民95条）。このことから、これらの株式引受けに関しても、一定時期以降の取消しができないことに改めた（51条2項、102条6項）。もっとも、取り消された行為は初めから無効であったものとみなされる（民121条）ことから、この改正による株式会社設立手続への影響はほとんどないといえる。

　同様の改正は、募集株式の引受けにもみられる（211条2項）。

II　代理に関する改正

●───1　利益相反取引

　356条の定める取締役の利益相反取引は、株主総会の承認（365条1項により取締役会設置会社の場合には取締役会の承認）を受ければ、取引は有効であると解されている。もっとも、356条の定める取締役の利益相反取引と、民法の定める自己契約・双方代理（民108条）とでは、その対象がすべて重なるというわけではないが、356条の取引が自己契約・双方代理に

も該当する場合がある。このため株主総会や取締役会の承認を受けた利益相反取引も、民法108条によって無権代理行為として効果が生じないおそれがあった。そこで従来356条２項では、承認を受けた取引については民法108条の適用がないという明文を置いていた。その場合、いわゆる間接取引（356条１項３号）は会社と取締役以外の者との取引であり、およそ自己契約・双方代理には該当しないことから、あえてこれを外して、356条１項２号の取引についてのみ、民法108条を適用しないとしていた。しかし、平成29年民法改正では、民法108条に２項が設けられて、自己契約および双方代理にあたらない利益相反行為についても、本人があらかじめ許諾したものを除き、無権代理行為とみなされることとなった。このため株主総会や取締役会の承認を受けた間接取引も、無権代理行為として民法108条２項によって効力を否定されるおそれが生じた。そこで、平成29年改正民法にあわせて356条２項の改正が行われ、承認を受けた同条１項３号の取引についても、民法108条が適用されないことが規定された。

●───2　代理権の濫用

　会社法の規定が明文をもって改められたところではないが、民法改正の影響を受けると考えられるのが権限濫用である。代表取締役が権限を濫用した場合の取引の効力については、従来会社法に明文規定はないものの、判例では、「株式会社の代表取締役が、自己の利益のため表面上会社の代表者として法律行為をなした場合において、相手方が右代表取締役の真意を知りまたは知り得べきものであつたときは、民法93条但書の規定を類推し、右の法律行為はその効力を生じないものと解するのが相当である。」と判示していた（最判昭和38年９月５日民集17巻８号909頁）。この判例についての学説の評価は分かれていた。これに対して、平成29年改正民法107条は、「代理人が自己又は第三者の利益を図る目的で代理権の範囲内の行為をした場合において、相手方がその目的を知り、又は知ることができたときは、その行為は、代理権を有しない者がした行為とみなす」旨を規定した。この結果、代表取締役による権限濫用についてもこの規定が適用さ

れることとなり（青竹（上）18頁）、従来の判例の立場を支持する根拠規定
ができたことになる。

Ⅲ　法定利率の改正

　たとえば、株主が種類株式を設ける定款変更に反対し、株式買取請求権
を行使した場合に（116条1項）、価格決定の協議が調わないため、裁判所
に価格決定を申し立てたとする（117条2項）。裁判所が価格を決定した場
合、株式会社は、定款変更の効力発生日から60日以内にその価格の支払を
しなければならず、この期間満了後は利息も払わなければならないとされ
ていた（同条4項）。この利息の利率については、従来、商事法定利率と
同様の年6分とされていた。しかし、平成29年民法改正で民法404条が改
正され、法定利率は改正法施行時は年3分でその後は変動利率となった。
あわせて同年の商法改正により、商事法定利率も廃止となった。これに伴
い、上記の株式会社の支払う利息も、年6分ではなく、民法404条の定め
る法定利率によることとなった。さらに、これと類似する場面（119条4項、
182条の5第4項、470条4項、778条4項、786条4項、788条4項、798条4項、
807条4項、809条4項）において、会社が支払わなければならない利息に
ついても同様となった（そのほか、172条4項、179条の8第2項等も同旨）。

　ところで、5条は、会社がその事業としてする行為およびその事業のた
めにする行為は、商行為とすると規定している。平成29年改正前商法514
条は、商行為によって生じた債務に関しての法定利率は年6分とすると規
定していた。このことから、かつては会社の負う債務や会社の有する債権
については、年6分の商事法定利率が適用される場面が多かったが、今後
はすべて民法の法定利率で計算されることとなろう。

Ⅳ　消滅時効の改正

●────1　時効の中断

　民法の時効中断事由については、平成29年改正により、時効の完成を猶
予する完成猶予事由と、新たに時効を進行させる更新事由とに分けて構成

されることとなった。これを受けて修正された規定が会社法にみられる。

　545条1項によれば、裁判所は、特別清算開始の命令があった場合において、必要があると認めるときは、清算株式会社の申立てによりまたは職権で、対象役員等の責任に基づく損害賠償請求権の査定の裁判をすることができる。改正前同条3項は、1項の申立てまたは2項の決定があったときは、時効の中断に関しては、裁判上の請求があったものとみなすとされていた。平成29年改正後同条3項は1項の申立てまたは2項の決定があったときは、時効の完成猶予および更新に関しては、裁判上の請求があったものとみなすと改められた。

●───2　消滅時効の起算点

　民法では、消滅時効の起算点については、従来、権利を行使することができる時からとしていたが、平成29年民法改正では、新たに主観的起算点を追加して、166条1項1号で消滅時効を「債権者が権利を行使することができることを知った時から5年間行使しないとき」と定めた。それとともに、2号で消滅時効を「権利を行使することができる時から10年間行使しないとき」と定めた。

　平成29年民法改正前の会社法では社債の償還請求権に関しては、701条1項で、10年間行使しないときは、時効によって消滅すると定めており、同条2項では、社債の利息の請求権および利札の所持人による請求権は、5年間行使しないときは、時効によって消滅すると規定していた。さらに705条3項では、社債管理者が社債にかかる債権の弁済を受けた場合には、社債権者は、その社債管理者に対し、社債の償還額および利息の支払を請求することができるが、この請求権は、10年間行使しないときは、時効によって消滅するとされていた。

　これらの会社法の規定では、条文上明示されてはいないが、いずれも起算点は、従来の民法の原則である「権利を行使することができる時」を前提としていたといえる。平成29年民法改正後にあっては、701条1項は、「社債の償還請求権は、これを行使することができる時から10年間行使し

ないときは、時効によって消滅する。」と定め、2項は、「社債の利息の請
求権及び前条第2項の規定による請求権は、これらを行使することができ
る時から5年間行使しないときは、時効によって消滅する。」と定め、705
条3項は、「前項前段の規定による請求権は、これを行使することができ
る時から10年間行使しないときは、時効によって消滅する。」と定めた。
いずれも時効期間は変更しないで、起算点を権利行使をすることができる
時と明示したわけである。これは、社債の公衆性や流通性を考慮すれば、
その時効期間について、現行の会社法の規定を維持するのが相当であると
考えられたからである。また、社債の団体性および社債の管理が原則とし
て社債管理者により行われることから、その時効の起算点についても、客
観的なものに一元化することが相当であるとされた。[1]

　なお、平成29年民法改正に伴い、それまでの商法522条に定められてい
た商事消滅時効が廃止された。たとえば、会社法423条に基づく取締役に
対する会社の損害賠償請求権については、これは商事債権となり、5年の
消滅時効にかかるという見解もみられていたが（判例は、最判平成20年1月
28日民集62巻1号128頁において、改正前民法167条1項による10年の消滅時効
期間という立場をとっていた）、平成29年民法改正後はこの見解はとり得な
いこととなった。ただし、この場合の損害賠償請求権について改正後の民
法166条1項1号が適用される場合には、「債権者が権利を行使することが
できることを知った時から5年間行使しないとき」の意味が問題となる。
すなわち、取締役の責任を追及できると誰が認識した時点から起算される
のかが不明確である。認識する主体としては、会社の提訴権限を有する機
関であると一応解される。そうなれば具体的には、会社・取締役間の訴え
において会社を代表する取締役や監査役（353条、364条、386条1項1号）、
および代表訴訟を提起する株主等になろう[2]（江頭481頁）。会社が第三者に

　1）　堀越健二＝辰巳郁＝渡辺邦広「民法（債権関係）改正に伴う会社法改正の概要──整備法
　　（平成29年法律第45号）の解説」商事法務2154号12頁。
　2）　なお、江頭482頁（注16）では、代表訴訟に関して消滅時効期間は、株主が提訴請求（847
　　条1項、847条の2第1項、847条の3第1項）を行った時に、当該対象取締役につき開始す
　　ると解し、株主代表訴訟に際し、被告取締役に責任があることを提訴権限を有する機関が認

有する請求権については、代表取締役等の会社を代表する機関の認識を問題にすればよいが、会社が内部の機関に対して有する請求については主観的起算点を一義的に決めるのは容易ではない。

V 　詐害的会社分割

　会社分割においては、吸収分割承継株式会社は、効力発生日に、吸収分割契約の定めに従い、吸収分割会社の権利義務を承継するとされている（759条1項）。これに対して、吸収分割会社が、吸収分割承継株式会社に承継されない債務の債権者（残存債権者）を害することを知って吸収分割をした場合には、残存債権者は、吸収分割承継株式会社に対して、承継した財産の価額を限度として、当該債務の履行を請求することができるとされている（同条4項）（本書第42章Ⅸ参照）。ただし、吸収分割承継株式会社が吸収分割の効力が生じた時において残存債権者を害すべき事実を知らなかったときは、この限りでない（旧同項ただし書）。ここでの規定は、民法の詐害行為取消権を参考にしていた。すなわち平成29年改正前民法424条では、「債権者は、債務者が債権者を害することを知ってした法律行為の取消しを裁判所に請求することができる。ただし、その行為によって利益を受けた者又は転得者がその行為又は転得の時において債権者を害すべき事実を知らなかったときは、この限りでない。」と規定していた。平成29年民法改正では、この最後の部分を、受益者が「債権者を害することを知らなかったときは、この限りでない。」に改めた。そこでこれにそろえて会社法も、「残存債権者を害することを知らなかったときは、この限りでない。」と改められた。知っていることが詐害行為の客観的な要件の備わっていることの認識であることを明確にしたものである（青竹（下）13頁）。持分会社に権利義務を承継させる吸収分割について定める761条4項も同

識しながら提訴しなかったので消滅時効が成立している旨を被告取締役が主張したときは、提訴権限を有する機関が被告取締役と共謀して会社の権利を害する目的で提訴しなかったと認められれば、消滅時効の成立を否定すべきであると論じている。共謀や害する目的の立証が容易にできればよいが、監査役が取締役の問題ある行為を認識はしたが提訴を諦めていた事案等では、株主の代表訴訟ができなくなるおそれがある。

様である。

　このような履行請求権の行使期間については、詐害行為取消権を定める平成29年改正前民法426条を参考に、効力発生日からは20年と定めていた。平成29年の民法改正では行使できる期間が長すぎると論じられ、同法426条が改められ、20年から10年へと短縮されたので、これにあわせて、詐害的会社分割についての履行請求権も効力発生日からは10年と定められた（759条6項、761条6項）。なお、新設分割についても、会社成立の日からは10年と定められた（764条6項、766条6項）。

　以上のような改正は、詐害的事業譲渡・営業譲渡についても同様に行われている（23条の2、商18条の2）。

第44章　株主総会にかかる改正

　以下本書（本章から第48章まで）では、令和元年改正会社法について解説する。なお、以下の記述で「改正」はとくに断らない限り、令和元年改正を意味し、会社法の条文は、令和元年改正によるものを示している。

I　株主総会資料の電子提供制度

●───1　電子提供措置をとる旨の定款の定め

　(1)　制度の趣旨　　従来、株主総会の開催にあたり、その資料を株主に提供する際にはそれを書面によって行うことが原則として必要であるとされていた。この結果、一方で会社にとっては多大な印刷と郵送の手間と費用を要することになっていたし、他方で株主にとっても迅速に情報が提供されるという状況にはなかった。もちろん会社法も、書面によらず電磁的方法により株主総会の資料を提供することを考えていなかったわけではないが、この方法による場合には株主の個別の承諾が要件とされていた（299条3項、301条2項、302条2項）。しかし、株主数の多い公開会社等について考えれば、各株主から個別の承諾を得ることは容易なことではなく現実的ではなかった。また、定款に定めることを条件に、インターネットを利用したみなし提供の方法も用意されていたものの、適用対象が狭く、除外事項が定められており（施行規94条1項各号、同133条3項各号、計算規133条4項かっこ書）、類型的に株主の関心がとくに高いとされる事項や、実際の株主総会において口頭で説明されることが多いと考えられる事項等は、ほとんど除外事項に該当していた（中間試案の補足説明第1部・第1）。このため、これらの方法を利用するだけでは十分ではなく、株主総会資料の提供方法を改善する必要があった[1]。たとえば、株主にアクセス方法を示した郵便だけを送り、それを用いて株主の方でインターネットにアクセス

することによって総会情報を見るという方法がある。これは、Notice & Access 制度と呼ばれ、アメリカとカナダで利用されていた。[2] そこで、このような制度を参考にして、このたびの令和元年改正では、株主の個別の承諾を会社が得ていないときでも、会社のホームページ等を使ってウェブサイトに掲載することで広く株主総会資料の提供をできるようにしたのである。[3]

(2)　定款の定め　　改正法では、株式会社は、取締役が株主総会を招集の手続を行うときは、「株主総会参考書類等」の内容である情報について、電子提供措置をとる旨を定款で定めることができることとされた（325条の2）。この場合において、その定款には、電子提供措置をとる旨だけを定めておけば足りるとされている。ただし、電子提供措置をとる旨の定款の定めを置くときには、さらに、その定めの登記を行わなければならない（911条3項12号の2）。

　ここで会社に、電子提供措置をとると単に決めるだけではなく、定款にその旨を定めることを要求しているのは、現在の株主だけではなく、将来株主となる者をも拘束することを意図するためである。これは、電子公告制度を採用するときには定款の定めが必要であること（939条1項3号）といわばバランスのとれた結果になっている。もっとも、電子公告は不特定多数の者への情報提供を予定しているのに対して、ここでの電子提供措置は株主に限って情報を提供すればよいという差異がある。そこで、株主以

---

1)　会社法研究会・報告書6頁によれば、諸外国と比較して、わが国においては、株主が議決権を行使するための検討期間が短いと指摘されているが、印刷および郵送が不要となれば、その分早期に株主総会情報を提供することができるようになる。また、印刷および郵送の制約がなくなることにより、提供される情報の充実も期待することができるとされている。

2)　ただし、アメリカでは企業結合取引についてこれを利用できないことになっている。これは通常の取引と比べてかなり複雑で大量の書類が作成されることが理由である。しかし、大量で複雑な情報であればむしろインターネットを活用するメリットがある等の理由から、わが国では株主総会の目的事項による制限は設けられていない。会社法研究会・報告書7頁参照。

3)　令和元年改正における株主総会の電子化とは、総会資料の電子化である。ただし、株主総会の電子化のもう1つの利用形態と考えられる事項として、株主総会の議事・審議と採決に関する電子化がある。北村4頁参照。なお、アメリカでは、デラウェア州のように特定の場所で開かずにバーチャルな総会だけによることを認める州がある。

外の者が情報の提供を受けられないようにしておくために、たとえば会社の方でパスワードを要求することもできると考えられている（中間試案の補足説明第1部・第1・1(1)）。

　(3)　制度が適用される場合　　ここでいう電子提供措置とは、電磁的方法により株主が情報の提供を受けることができる状態に置く措置であって、法務省令で定めるものをいうと定義されている（325条の2）。そして、電子提供措置の対象となる資料（株主総会参考書類等）としては、①株主総会参考書類、②議決権行使書面、③計算書類および事業報告（437条）、④連結計算書類（444条6項）であるとされている（325条の2各号）。

　電子提供措置をとる旨を定款で定めるかどうかは、原則として各会社の判断に任されているが、上場会社、すなわち振替株式（社振128条1項）発行会社には、電子提供措置の採用が義務づけられている（同159条の2第1項）。この点について、法制審議会においてはあくまでも各会社の任意とすべきであるとの意見もあったようではあるが、上場会社の株主の便宜を考えて、これを義務づけたものと思われる[4]。

　なお、上場していない会社については電子提供措置をとる必要性がどこまであるのか疑念も感じるが、振替株式を発行しない会社においても電子提供措置をとること自体は会社法によって排除されていない。言い換えれば、株主数の少ない非公開会社において、あえて電子提供措置をとる旨の定款規定を置くことも可能となっている（325条の2は「株式会社は……定款で定めることができる」と定める）のである[5]。この点で、会社法は公開会

---

4)　パブリックコメントでは、上場会社であれば対応能力の面から義務づけしてよいという意見や、上場会社は必ず電子提供制度を採用するものとすることが株主にとってわかりやすいという意見が多数であったようである。神田・解説〔Ⅰ〕6頁。ただし、その結果、すべての上場会社について定款変更のための手続を行わせることになるが、それは、各会社に株主総会の特別決議を強いることとなり、その負担が過大となることも予想される。そこで、改正法の施行の際、現に振替株式を発行している会社は、改正法の施行の日において、同日をその定款の変更が効力を生ずる日とする電子提供措置をとる旨の定めを設ける定款変更の決議をしたものとみなすものとされるようである。要綱案第1部・第1・1（注2）参照。

5)　会社法研究会・報告書7頁によれば、上場会社以外の株式会社においてもこれを利用するメリットが認められる場合もあるし、現行法上の電磁的方法による提供制度やウェブ開示によるみなし提供制度は上場会社かどうかで区別していないことを挙げて、これを肯定する。

社と非公開会社とを一律に規定している。これは、規律が複雑になること
を避けたためとされている（中間試案の補足説明第1部・第1・1(3)）。

●───2 電子提供措置

(1) 電子提供措置の期間　電子提供措置をとる旨の定款の定めがある
株式会社においても、以下で詳論する電子提供措置をとらなければならな
いのは、299条2項各号に掲げる場合に限られる（325条の3第1項）。すな
わち、取締役会設置会社、および書面または電磁的方法で議決権行使がで
きる会社である。換言すれば、招集通知を書面（または電磁的方法）で行
う必要のある会社、株主総会参考書類の交付・提供の必要がある会社につ
いて、電子提供措置が要求される。

　このような会社の取締役は、電子提供措置開始日から始まる電子提供措
置期間に、次の(2)で解説する事項にかかる情報について継続して電子提供
措置をとらなければならない。

　電子提供措置開始日とは、株主総会の日の3週間前の日、または株主総
会の招集通知を発した日のいずれか早い日のことである[6]（325条の3第1
項）。ここで開始日として、招集通知を発する日（299条1項で総会の日の2
週間前まで）だけではなく、総会会日の3週間前にあたる日がそれよりも
早ければ「その日」をも挙げているのは、電子提供措置を利用していれば、
会社は印刷や郵送の時間を要しないですむことになるから、株主がじっく
りと議決権行使を判断できるように、情報提供を従来の招集通知発送日よ
りも前倒しさせることを意図したものである。したがって、招集通知の発
送日自体をも早めるのであれば、電子提供措置と招集通知発送日とを同一
の日とすることも可能である。

---

6)　要綱案で株主総会の日の3週間前の日となったが、中間試案では株主総会の日の4週間前
の日とする案も出されており、意見が分かれていたことから、「株主総会資料の電子提供制
度に関する規律については、これまでの議論および株主総会の招集の手続に係る現状等に照
らし、現時点における対応として、本要綱案に定めるもののほか、金融商品取引所の規則に
おいて、上場会社は、株主による議案の十分な検討期間を確保するために電子提供措置を株
主総会の日の3週間前よりも早期に開始するよう努める旨の規律を設ける必要がある。」と
の付帯決議が法制審議会会社法部会で行われた。

電子提供措置期間とは、電子提供措置開始日から株主総会の日の後3か月を経過する日までの間である（325条の3第1項）。電子提供措置期間が株主総会の日の後3か月を経過する月までとされているのは、株主総会決議取消しの訴えの出訴期間（831条1項柱書）にあわせたものである。ここで提供される情報が、決議の取消しの訴えを起こす証拠として利用されることを考慮し、出訴期間が終了するまで電子提供措置による情報提供を求めたものである。もっとも、このような情報は、取消しの訴えについてだけではなく、決議無効確認の訴えや不存在確認の訴えの証拠にもなりうるのであり、その点を考慮すべきではないかとの意見もあったようではある。

(2) 電子提供措置をとるべき情報　電子提供措置をとるべき対象となるのは以下の事項にかかる情報である。

①298条1項各号に掲げる事項（325条の3第1項1号）　これは株主総会の招集通知に記載する必要のある事項である（299条4項）。このような事項は施行規則に定められている事項（298条1項5号、施行規63条）を含めるときわめて多いが、いずれも株主に提供すべき重要な情報であると考えられる。

②書面による議決権行使を定めた場合（301条1項）には、株主総会参考書類および議決権行使書面に記載すべき事項（325条の3第1項2号）書面による議決権行使を定めた場合には、株主総会参考書類および議決権行使書面の交付が求められているが（301条1項）、ここに記載すべき事項も電子提供措置をとるべき対象となっている。[7] ただし、議決権行使書面には、株主の氏名または名称および行使することができる議決権の数が記載事項とされているため（施行規66条1項5号）、これらの記載事項をもすべての株主について個別にウェブサイトに載せなければならないとすると、複雑なことになる。そこで、取締役が株主総会の招集通知に際して株主に対し議決権行使書面を交付するときは、議決権行使書面に記載すべき事項

---

7)　議決権行使書面は対象から外すという意見も合ったが、改正前からすでに301条2項では、299条3項の承諾をした株主には、電磁的方法によりこれも提供されることになっていたことから、あえて除外しなかった。神田・解説〔I〕8頁参照。

にかかる情報については、電子提供措置をとるべき対象から外すことが認められている[8]（325条の3第2項）。

③電磁的方法によって議決権を行使することができる場合（302条1項）には、株主総会参考書類に記載すべき事項（325条の3第1項3号）　電磁的方法によって議決権を行使することができる場合には、株主総会参考書類の交付が求められているが（302条1項）、ここに記載すべき事項も電子提供措置をとるべき対象としている。

④議案要領通知請求（305条1項）があった場合には、議案の要領（325条の3第1項4号）　会社法では、株主提案として株主から提出しようとする議案の要領を株主全体に通知するよう請求があった場合には、会社はこれを招集通知に記載・記録しなければならないことになっている。そこで、このような株主提案にかかる議案の要領についても電子提供措置をとるべき対象としている。

⑤取締役会設置会社である場合には、取締役が定時株主総会を招集するときは、計算書類および事業報告に記載され、または記録された事項（325条の3第1項5号）　437条によれば、取締役会設置会社においては、取締役は、定時株主総会の招集の通知に際して、法務省令で定めるところにより、株主に対し、計算書類および事業報告を提供しなければならないと定められている。そこで計算書類および事業報告に記載され、または記録された事項も電子提供措置をとるべき対象としている。なお、同条によれば、436条1項または2項の適用がある場合には、ここでいう計算書類および事業報告に、監査報告または会計監査報告が含まれることになる。

⑥取締役会設置会社で会計監査人設置会社である場合に、取締役が定時株主総会を招集するときは、連結計算書類に記載され、または記録された事項（325条の3第1項6号）　444条6項では、会計監査人設置会社が取

---

8)　議決権行使書面を招集通知に同封しない場合には、投票率が低下して定足数が満たされないことが危惧される。そこで、招集通知に議決権行使書面を同封することを一律に禁じることはやめて（なお、アメリカでは、情報を確認しないで投票することがないように、同封が禁じられている）、任意で同封できることにしている。会社法研究会・報告書9頁参照。

締役会設置会社である場合には（同条３項からは連結計算書類の作成が義務づけられてはいないにもかかわらず、これを作成した場合も含む）、取締役は、定時株主総会の招集の通知に際して、法務省令で定めるところにより、株主に対し、同条５項の承認を受けた連結計算書類を提供しなければならないと規定されている。つまり、連結計算書類に記載され、または記録された事項も電子提供措置をとるべき対象としている。

　⑦上記①から⑥の事項について修正をしたときは、その旨および修正前の事項（325条の３第７号）　　情報提供をした後に、それを修正すべき事情が生じる可能性がある。令和元年改正前においても、いわゆるウェブサイトによる修正に関する規定が会社法施行規則と会社計算規則に置かれていた（施行規65条３項、同133条６項、計算規133条７項、同134条７項）。たとえば、施行規則65条３項では、取締役は、株主総会参考書類に記載すべき事項について、招集通知を発出した日から株主総会の前日までの間に修正をすべき事情が生じた場合において、修正後の事項を株主に周知させる方法を、当該招集通知と併せて通知することができると規定していた。改正法では、さらに上記①から⑥の電子提供措置の対象となる事項について修正すべき事情が生じた場合には、その旨と修正事項を電子提供措置の対象としている。これにより、その後の対象事項についての修正を株主に周知させることが可能になる。ただし、このような措置をとりさえすれば、総会直前になって、軽微な修正を超えて、大きく内容を修正することまでも無制限にできる訳ではない。修正を要する事項や修正内容の重要性により可否を判断すべきであろう（中間試案の補足説明第１部・第１・２(2)キ）。

　(3)　EDINETによる例外　　上記の電子提供措置をとらなければならない場合には例外がある。すなわち、金融商品取引法24条１項の規定により、その発行する株式について有価証券報告書を内閣総理大臣に提出しなければならない株式会社が、電子提供措置開始日までに上記対象事項（定時株主総会にかかるものに限り、議決権行使書面に記載すべき事項を除く）を記載した有価証券報告書（添付書類およびこれらの訂正報告書を含む）の提出の手続を、EDINETすなわち開示用電子情報処理組織（金商27条の30の

2）を使用して行う場合には、当該事項にかかる情報については、電子提供措置をとることを要しないものとされている（325条の3第3項）。EDINETについては法令によって情報が継続的に公衆縦覧に供され、安定的に運用されていることが重視されたからである。

●───3　株主総会の招集の通知等の特則

　以上述べた電子提供措置をとる場合には、会社法にはいくつかの特則が置かれている。

　(1)　招集通知の発送期限　　299条1項によれば、株主総会の招集通知は、株主総会の日の2週間前まで発しなければならないとしていた。ただし、公開会社でない株式会社にあっては、書面投票または電磁的方法による議決権の行使を定めたときを除き、1週間前までに、発しなければならないとしていた。また、さらにその例外として、当該株式会社が取締役会設置会社以外の株式会社である場合において、これを下回る期間を定款で定めた場合にあっては、その期間前までに招集通知を発しなければならないとしていた。しかし、非公開会社に認められているこのような2週間より短くできるという例外は、もしも電子提供措置をとる会社であれば、それは不適切である。というのは、株主総会の資料がウェブサイトに掲載されたことを株主に認識させるためには2週間は必要であることや、書面交付請求をした株主への電子提供措置事項を記載した書面の交付と招集通知とが同時にできることを確実にする必要があるからである。そこで、改正法は電子提供措置をとる場合には、書面投票または電磁的方法による議決権の行使を定めたときと同様に、招集通知の発送期限は、2週間前としている（325条の4第1項）。

　(2)　招集通知の記載・記録事項　　電子提供措置をとる場合には、これにより十分な情報が株主に提供されることから、株主総会の招集通知については、わざわざ印刷や郵送のコストをかけて詳細な事項を記載し送付する必要はなく、電子提供措置のウェブサイトに株主がアクセスできるようにすること（アクセス通知）が主として重要となる。そこで、電子提供措

置をとる場合の株主総会の招集通知には、書面による通知にせよ電磁的方法による通知にせよ、会社法施行規則63条に掲げる事項（298条1項5号の事項）を記載し、または記録することを要しないものとされている（325条の4第2項前段）。これらの事項は、電子提供措置によって情報が提供されるからである。

これに対して、電子提供措置をとる場合であっても、株主総会の招集通知に記載・記録しなければならない事項としては、以下のものがある。株主総会の日時、場所、議題、書面または電磁的方法で議決権行使ができるときはその旨、電子提供措置をとっているときはその旨（325条の4第2項1号）、電子提供措置の代わりに EDINET（開示用電子情報処理組織）を使用して行ったときはその旨（同項2号）、そのほか法務省令で定める事項である（同項3号）。これらの事項は、たとえ電子提供措置で情報提供されていても、省略することが認められていない。[9]

（3）　株主総会参考書類等の提供　　株主総会の招集通知の際には、書面で議決権行使ができるときは株主総会参考書類および議決権行使書面の交付が（301条1項）、電磁的方法で議決権行使ができるときは株主総会参考書類の交付が（302条1項）、取締役会設置会社において取締役が定時株主総会を招集するときは、計算書類および事業報告の提供が（437条）、取締役会設置会社で会計監査人設置会社である場合に、取締役が定時株主総会を招集するときは、連結計算書類の提供が（444条6項）、それぞれ求められているが、電子提供措置をとる旨の定款の定めがある株式会社においては、取締役はすべてこれらの書類等を株主に対し、交付し、または提供す

9）　株主総会の通知に記載が必要な基本的事項以外の事項をアクセス通知に任意に書くこと、および、会社が株主総会情報のうち一部の情報のみを恣意的に株主に提供することが問題となるが、これを制限する規定はとくに置かれていない。このような場合には招集手続が著しく不公正な場合として、総会決議取消事由に該当すると解される（会社法研究会・報告書10頁、中間試案の補足説明第1・7(5)ア）。同様に、特定の株主にのみ、取締役が任意に株主総会に関する情報を書面で提供することもとくに制限する規定は置かれていない。一方で、これを認める実務上の必要性があるほか、他方で、合理的な理由のない特定株主に対する書面による情報提供は、株主平等原則や利益供与の禁止の趣旨から規制されることになるといえる。中間試案の補足説明第1・7(5)イ。しかしたとえば、障害者である株主等にとくに配慮した総会会場の説明等は認められるべきであろう。

ることを要しないとされている（325条の4第3項）。これらのものは、**2**
(2)で述べたように、電子提供措置で情報が提供されることになっているか
らである。

(4)　株主による議案要領通知請求　　会社法では少数株主権として、株
主に議案要領通知請求権（305条1項）が認められている。すなわち、株主
は、取締役に対し、株主総会の日の8週間前までに、株主総会の目的であ
る事項につき、当該株主が提出しようとする議案の要領を株主に通知する
ことを請求することができる。これは、書面による招集通知をする場合に
あっては、その通知に記載し、電磁的方法による招集通知をする場合にあ
っては、その通知に記録することを請求するものとされている。そこで、
当該会社において電子提供措置をとる旨の定款の定めがある場合について
は、提案株主は当該議案の要領について電子提供措置をとることを請求で
きることになる（325条の4第4項）。

●────4　書面交付請求

(1)　制度趣旨　　株主の中には、高齢者を中心にインターネットを利用
することが困難な者もいることが予想される。このため、株主の個別の承
諾を受けることなく、ウェブサイトへの掲載とアドレスの通知により株主
総会の資料を株主に提供したものとする電子提供措置が採用されると、そ
のような株主に不利益を与えてしまうおそれもある。そこで、これに対処
するために、株主に書面交付請求が認められた。すなわち、そのような請
求を行ってきた株主がいれば、会社は電子提供措置の内容をプリントアウ
トして送ることが求められたのである。ただし問題は、これに対応する事
務負担であった。そこで改正法は、会社にとって過大な負担にはならない
ように配慮している。もっとも、コスト削減を意図するにしても、たとえ
定款で定めたところで、書面交付請求権を排除してしまうことは認められ
ていない。会社の負担よりも、インターネットを利用できない株主を保護

10)　インターネットを利用することが困難な株主を保護するための権利である書面交付請求
　　権を株主総会の特別決議により排除することができるものとすることは相当でなく、強行法

することが重視されるからである。[11]

　このような書面交付請求ができるのは、電子提供措置をとる旨の定款の定めがある株式会社の株主である（325条の5第1項）。ただし、株主総会の招集通知が電磁的方法により行われることを承諾した株主（299条3項）は、インターネットを利用できないために保護を必要とする株主とはいえないから、除外される（325条の5第1項かっこ書）。もっとも、改正法の下でも301条2項ただし書と302条2項ただし書は削除されていないので、このような株主もこれらの規定による書面交付請求することは依然として認められている。

　(2)　対象となる事項　　交付される書面の対象となるのは、電子提供措置の対象となる前記2(2)①から⑦（つまり、325条の3第1項各号に掲げる事項）である（これは、325条の5において電子提供措置事項と呼ばれている）（325条の5第1項）。すなわち、これは株主総会参考書類に記載される事項に限定されていないのである。ただし、株式会社は、電子提供措置事項のうち法務省令で定めるものの全部または一部については、交付する書面に記載することを要しない旨を定款で定めることができる（325条の5第3項）。この結果、改正前から存在していたウェブ開示によるみなし提供制度は依然として残ることとなり、改正法の電子提供制度とウェブ開示は制度として併存することとなる。[12]

　なお、種類株主総会について準用される事項も、ここでの電子提供措置事項に含まれている（325条の7）。

　(3)　振替株式の場合　　振替株式の株主による書面交付請求権の行使に

　　規として保障する必要があること、書面の交付を欲する株主の多くは、議決権比率の低い個人の株主であることが想定されることから、定款変更を経たとしても実質的にはそれらの株主の意思が反映されないまま書面の交付が受けられない状態となることなどから、定款で定めても書面交付請求は排除できないとされた。神田・解説〔I〕10頁参照。

11)　ただし、アメリカやカナダで実際に書面を請求するのは0.1～0.2％程度であるといわれている（会社法研究会・報告書8頁）。

12)　これは、インターネットを利用することが困難な株主を保護するとしても、現行法以上の保護を与える必要はなく、みなし提供制度を利用するために必要な要件と同等の要件を満たしている場合には、みなし提供制度の対象である事項については書面に記載しないことを許容すべきであるという意見が採用されたことによる。神田・解説〔I〕11頁。

ついては特例が定められている。株主（加入者）は、株式会社（振替株式
の発行者）に対する書面交付請求を、その直近上位機関を経由してするこ
とができるとされている（社振159条の2第2項）。すなわち、株主が書面
交付を会社（発行者）に対して直接請求するのではなく、口座管理機関や
振替機関を経由して請求することになる。これは、仮に株主から直接会社
に請求するとなれば、会社にとって交付請求をした者が振替口座簿上の株
主であるかどうかを確認することが困難であるという問題があるからであ
る。振替株式の株主による書面交付請求においては、株式の譲渡の対抗要
件を名義書換とする130条1項の適用はなく、書面交付請求をする権利を
会社に対抗することができることになる（社振159条の2第2項）。すなわ
ち、個別株主通知を使った少数株主権の行使（同154条）とも異なる権利
行使として、位置づけられているわけである。ただし、このような請求の
できるのは、以下の加入者であるとされる。

①当該加入者の口座の保有欄に記載または記録がされた当該振替株式
　（当該加入者が社振151条2項1号の申出をしたものを除く）

②当該加入者が他の加入者の口座における特別株主（社振151条2項参
　照）である場合には、当該口座の保有欄に記載または記録がされた
　当該振替株式のうち当該特別株主についてのもの

③当該加入者が他の加入者の口座の質権欄に株主として記載または記
　録がされた者である場合には、当該質権欄に記載または記録がされ
　た当該振替株式のうち当該株主についてのもの

④当該加入者が社債、株式等の振替に関する法律155条3項の申請を
　した振替株式の株主である場合には、買取口座（同条1項参照）に
　記載または記録がされた当該振替株式のうち当該株主についてのも
　の

　(4)　交付請求の時期　　取締役は、電子提供措置をとる場合には、株主
総会の招集通知に際して、一定の期限までに書面交付請求をした株主に対
しては、当該株主総会にかかる電子提供措置事項を記載した書面を交付し
なければならないことになる（325条の5第2項）。この場合の期限とは、

当該株主総会において議決権を行使することができる者を定めるための基準日（124条1項）を定めたときは、当該基準日である[13]。試案の段階では、期限をこれよりも遅くし、たとえば招集通知発送後でもよいとする案もあったようであるが、その場合には、実務上株式会社において短期間で書面交付請求にかかる事務手続を処理しなければならず、事務の負担が大きくなる懸念が指摘されていた（中間試案の補足説明第1部・第1・4(2)イ）。それでは、基準日を定めていなかった場合には、株主総会の2週間前の日よりも後に書面交付請求をしたならば、会社は当該総会にかかる書面交付の義務はないことになるのであろうか。しかし、たとえば株主総会の2週間前よりも後に株主名簿上の株主となった場合、当該株主総会において議決権を有するにもかかわらず、書面交付請求ができないという結果の妥当性には疑問が生じる。このような株主にも書面を交付しなければならないと解すべきであろう（中間試案の補足説明第1部・第1・4(2)イ）。

　上記の株主に対して、取締役は、電子提供措置事項を記載した書面を招集通知（299条1項）に際して、交付しなければならない（325条の5第2項）。また、明文規定はないが、この書面は、株主総会参考書類の交付・提供と同様、株主に対する通知の規定（126条）が類推適用されることになり、株式会社が株主に対してする書面の交付は、株主名簿に記載し、または記録した当該株主の住所にあてて発すれば足りると考えられる（同条5項参照）。

　(5)　書面交付の終了　　株主は、書面交付請求を一度しておけば、その後の株主総会についても、撤回をあえてしない限り、電子提供措置事項を記載した書面の交付を継続して請求しているものと扱われるのであろうか。その場合には書面交付すべき株主が年々増加する一方となり、会社の負担

---

13)　会社法研究会・報告書8頁によれば、アメリカおよびカナダにおいては、株主は、株主総会ごとのアクセス通知を受領した後、株式会社に対し、書面の提供を請求するかどうかを判断することができるとされており、わが国でもアクセス通知を受領した後、株主が書面請求権を行使することができるようにすることも検討された。しかし、株主総会の直前に、株式会社が、書面交付請求権を行使した株主を特定し、書面を発送しなければならないこととなるため、株式会社の事務負担が大きくなるという意見がみられたとしている。

は多大なものになるおそれがある。そこで、改正法は、書面交付の終了について規定している。すなわち、株主が書面交付請求をした場合において、その書面交付請求の日から1年を経過したときは、株式会社は、当該株主に対し、書面の交付を終了する旨を通知し、かつ、これに異議のある場合には一定の催告期間内（この場合の催告期間は、1か月以上でなければならない）に異議を述べるべき旨を催告することができる（325条の5第4項）。上記の通知および催告を受けた株主がした書面交付請求は、催告期間を経過した時にその効力を失うとされている（同条5項）。ただし、もしも当該株主が催告期間内に異議を述べた場合にあっては、その時点で書面交付は終了しない（同項ただし書）。そして、当該異議を述べた日から1年を経過した時点で再び通知・催告を受けることになる（同条4項）。

●───5　電子提供措置の中断

　ウェブサイトによる情報も、ときにはシステム障害やサーバーがダウンしたり、あるいはハッカーやウイルス感染等により改ざんされたりして、株主に正しい情報が十分提供されないという状況も想定できないものではない[14]。その場合に会社による株主総会資料の提供が無効となり、再度の提供措置がなければ、株主総会の決議の効力が否定されると解すべきであろうか。そのような結果は、株主に混乱をもたらすし、会社にとっては過大

---

14)　電子公告については、電子公告をしようとする会社は、公告期間中、当該公告の内容である情報が不特定多数の者が提供を受けることができる状態に置かれているかどうかについて、法務省令で定めるところにより、法務大臣の登録を受けた調査機関に対し、調査を行うことを求めなければならない（941条）とされている。そこで、電子提供措置義務についても、会社がその履行に瑕疵がないか、この電子公告の場合と同様に電子提供措置の調査を義務づける案も議論されていたが、採用されなかった。これは、上場会社は事業報告等を証券取引所のウェブサイトに掲載しなければならず、それに加えて調査も必要であるというのは費用の無駄であること、電子公告は不特定多数の者が閲覧するが、電子提供措置は株主だけが閲覧する。株主以外の者が閲覧できなくする方法は多様であり、そのすべてに対応する調査機関を確保できるのかが問題とされた。会社法制（企業統治関係）の見直しに関する要綱案のたたき台第1部・第1・補足説明。また、上場会社のすべてが電子提供制度を利用した場合に、調査機関を確保することができるのかという疑問も出された。神田・解説〔Ⅰ〕12頁参照。

な負担となるおそれがある。そこで、電子提供措置期間中に、株主が提供を受けることができる状態に置かれた情報がその状態に置かれないこととなったこと、あるいは当該情報がその状態に置かれた後改変されたことを（ただし、325条の３第１項７号で電子提供措置の事項を修正したときは除かれる）、電子提供措置の中断と呼び、電子提供措置の中断があっても、以下の①から④のすべてに該当する場合には、当該電子提供措置の効力に影響を及ぼさないものとしている（325条の６）。すなわち、要件を満たした電子提供措置の中断があった場合には、2(1)で述べた電子提供措置の期間の例外となる。

①電子提供措置の中断が生ずることにつき株式会社が善意でかつ重大な過失がないこと、または株式会社に正当な事由があること（１号）

②電子提供措置の中断が生じた時間の合計が電子提供措置期間の10分の１を超えないこと（２号）

③電子提供措置開始日から株主総会の日までの期間中に電子提供措置の中断が生じたときは、当該期間中に電子提供措置の中断が生じた時間の合計が当該期間の10分の１を超えないこと（３号）

④株式会社が電子提供措置の中断が生じたことを知った後に、速やかにその旨と、電子提供措置の中断が生じた時間、さらに電子提供措置の中断の内容、について当該電子提供措置に付して電子提供措置をとったこと（４号）

●──── 6　種類株主総会

　以上のことは、種類株主総会についても定められている（325条の７参照）。ただし、種類株主総会における電子提供措置は、その種類の株主に限り提供を受ける（325条の２かっこ書）。種類株主総会では一般に株主総会の規定の多くを準用しており（325条）、この場面でも株主総会と同様の規律が適切であると考えられるからである。すなわち、種類株主総会を招集する場合に、ある種類の株主に限り情報の提供を受けることができる状態に置く措置をとる旨を定款で定めることができる（325条の２）。そのよ

うな電子提供措置をとる旨の定款の定めがある株式会社であって、取締役会設置会社である場合と書面または電磁的方法で議決権行使ができる場合には、一定の情報について電子提供措置をとらなければならない（325条の7、325条の3）。

Ⅱ　株主提案権

●───1　株主提案権制度

（1）制度の趣旨　　株主提案権については、昭和56年の商法改正で、わが国に初めて明文規定が設けられた。その制度趣旨は、単に株主が株主総会で審議する議題や議案を自ら提出できるということにとどまらず、自己の提案を会社が発する株主総会の招集通知に記載することを請求できるというものであり、それらのことによって積極的に他の株主への働きかけをする手段を株主に与えたものである。そして、他の株主に自己の提案する議題や議案とその理由について聞いてもらう権利を認めることで、株主総会自体の風通しをよくすることを目的としている（竹内98〜99頁）。

　もっとも、情報を提供したり、株主間の意思疎通を容易にしたりして開かれた株主総会にすることがこの制度の主たる目的であれば、単独株主権とはしないまでも、緩やかな要件で広く株主提案を認めることも考えられなくはなかった。しかし、会社法では、取締役会設置会社については、この権利は少数株主権として規定されてきた。これは株主提案について、権利の濫用を当初から危惧していたからにほかならない。また、株主提案権は、株主総会決議を通して経営者に対して対峙することが可能な権利であり、株主が自ら良しと考える政策を実現させる権利でもある。経営陣の考えとは異なる経営政策を決定し実現するということになるのであれば、経営政策は最終的には資本多数決で決すべきものであるから、単独株主権ではなく、一定の株式数を要求する少数株主権として構成するのが合理的であるとも思われる。

　もちろん決議として可決されることなく否決されても、株主に一定の提案を知らせることに意味があるのかもしれない。しかし、可決の見込みも

なく、およそ一般の株主が支持しない見解を示すために、会社・株主全体の金銭を使うことにどれだけの意味があるのかが議論となる。明らかに意味のない提案や独りよがりの提案は一般株主にとっては望まないコミュニケーションともいえる。このようなものを、会社の費用で招集通知に記載させる意味は乏しい。この意味でも、株主提案権にやや厳格な要件が課されても不合理とはいえない理由があると思われる。

　(2)　濫用のおそれ　　近年、株主提案の数は増加傾向にある。中には、機関投資家を始め、広く支持を集めた提案もみられている。しかし、一方では、膨大な数の提案が1つの総会に提出された場合や、社会通念からみて首をかしげるような提案や、会社を困惑させる結果をもたらすだけであると思われる提案が出されていた事例もみられていた。しかし、会社法の規定や、会社法施行規則の規定には、直接濫用的な株主提案を効果的に防止できるものは置かれていなかった。裁判例の中には、積極的に権利の濫用に当たるとの判断を示したものもあったが[15]、濫用と断定してしまうことが必ずしも容易ではない微妙な場合も少なくない。しかし、いずれにしても、他の株主にとっては、株主総会における審議時間、招集通知についての印刷等の費用といった面で、マイナスとなる不適切な提案が存在してきたことは確かである。そこで、株主提案権の濫用的な行使を制限するため

---

15)　東京高判平成27年5月19日金判1473号26頁。Y株式会社の株主であるXらが、複数回の株主総会において株主提案を行ったが、Xらの提案にかかる議案が招集通知に記載されなかった。また、提案にかかる議案の削除を求められ、これに応じて削除したにもかかわらず残る議案のうちの一部が招集通知に記載されなかった。さらに、提案にかかる議案の内容が改変されて招集通知に記載された。そこで、Xらは、株主提案権が侵害されたとして、Y株式会社らに対して損害賠償を求めた。原審は、請求の一部を認容した。控訴審では、「72期株主総会に係る提案は、上記のような個人的な目的のため、あるいは、Y会社を困惑させる目的のためにされたものであって、全体として株主としての正当な目的を有するものではなかったといわざるを得ない。また、72期株主総会に係る提案の個数も、一時114個という非現実的な数を提案し、その後、Y会社との協議を経て20個にまで減らしたという経過からみても、Xの提案が株主としての正当な権利行使ではないと評価されても致し方ないものであった。」「72期株主総会に係る提案が前記のような目的に出たものと認められることからすれば、その提案の全体が権利の濫用に当たるものというべきであり、そうすると、Y会社の取締役が72期不採用案を招集通知に記載しなかったことは正当な理由があるから、このことがXに対する不法行為となるとは認められない。」として、原判決中Y会社ら敗訴部分を取り消した。

の規定が検討され、その結果、改正法ではあらたに数による制限が導入された。

●────2　株主が提案することができる議案の数の制限

（1）形式的制限　　従来、1人の株主が提案できる数についてはとくに制限が置かれていなかったため、1人で膨大な数の提案をする株主もみられた。もちろん多数の提案をすること自体が権利の濫用にあたるわけではないが、たとえ不合理とはいえない内容の提案であっても、1人の株主からの提案によって、多くの株主が参加する株主総会の審議時間が独占されることは望ましいことではない（会社法研究会・報告書12頁）。そこで、濫用的な株主提案を防止する目的で、改正法は株主の提案できる議案の数を制限することとした。すなわち、取締役会設置会社の株主が、議案要領通知請求権（305条1項）を行使する場合において、当該株主が提出しようとする議案の数は10を上限とした（同条4項前段）。すなわち、10を超える数に相当することとなる数の議案については、305条1項による請求を認めないこととしている。もちろん、意味のある提案を多数出している場合も想定できないわけではないから、一律に提案する議案数だけで切ってしまうことには疑問がないわけではない。しかし、内容を吟味したうえで適法な上限を超えているかどうかを判断することになれば、会社にとっては時間やコストが相当程度要することになる。そこで、改正法（同条4項前段）では内容にかかわらず形式的に10を超えるかどうかで判断して拒絶することにしている。

　上限数については、10のほか、1や3や5という案も検討されていたようである。しかし、意味のある提案であっても、関心のある事項を挙げて

16）取締役会設置会社以外の株式会社については、株主総会は会社法に規定する事項および株式会社の組織、運営、管理その他株式会社に関する一切の事項について決議をすることができること（295条1項）、議題提案権の行使の期限が定められていないこと（303条1項）、株主は株主総会の議場において新たな議題および議案を追加することができること（309条5項参照）、を考慮して株主が提案することができる議案の数を制限していないものと思われる。会社法研究会・報告書13頁。

いけば数件の議案になってしまうことも予想されることから、上限が低すぎることには問題がないとはいえない。結局、近年、提案数が多いとされる電力会社に対する運動型株主の提案にかかる議案の数であっても、各提案株主につき多くても10程度に留まっていることや、株主が同一の株主総会に議案を何十も提案する必要がある場合は想定しづらいことをふまえ、株主が提案することができる議案の数を10としたようである[17]（中間試案の補足説明第1部・第2・1(2)）。

　10を超える議案の提案を行う場合にはすべての提案が拒絶されるわけではなく、株主は10までの議案の提案については、議案の要領を、招集通知等を通して他の株主に通知してもらう権利を有することになる。また、会社が10を超えた議案の提案をあえて拒絶しないことも認められるのであり、たとえ会社が拒絶しなくても総会決議が当然に瑕疵を帯びるというものではない（神田・解説〔Ⅱ〕5頁）。ただし、ここで株主平等原則に反しないように注意すべきである。もちろん、10という上限の範囲内の議案の提案であっても、内容が法令・定款に違反する場合には、拒絶される（305条6項）。もしも、ある株主が10を超えた数の議案の提案をしてきた場合に、どの議案を10の範囲内のものとして選ぶのかが問題となる。とくに当該提案株主が議案相互間の優先順位を定めている場合には、それに従うべきであるが、それがない場合には、取締役がその判断で選べると解すべきであろう[18]（同条5項）（中間試案の補足説明第1部・第2・1(1)）。

　(2)　議題提案権と議案提案権　　ここで注意すべきことは、株主提案についての数の制限といっても、305条の権利行使に関してだけであり、303条と304条の権利行使については制限が置かれていないことである。

---

17)　また、役員等の選任・解任議案を1つと数えることとしたことと、定款変更議案の取扱いとの関係も指摘されている。神田・解説〔Ⅱ〕6頁。

18)　また、要綱案第1部・第2部・1（注）においても、「取締役会設置会社の株主が第305条第1項の規定による請求をする場合において、当該株主が提出しようとする議案の数が10を超えるときにおける10を超える数に相当することとなる数の議案は、取締役がこれを定めるものとする。ただし、当該株主が当該請求と併せて当該株主が提出しようとする2以上の議案の全部又は一部につき議案相互間の優先順位を定めている場合には、取締役は、当該優先順位に従い、これを定めるものとする。」としている。

　議題提案権（303条）について数の制限が置かれなかったことについては、以下の理由が指摘される。議題提案権には実質的に同一提案であることを理由とした制限（304条ただし書、305条6項）が置かれておらず、株主の権利として尊重されていること、仮に株主が議題だけを提案し議案を提案しないという場合には、実務上会社（株主総会参考書類を交付等する必要のある会社）はこれを拒否できることから、株主が同一の総会に提案できる議題の数を制限するのは適切ではない（中間試案の補足説明第1部・第2・1）。

　一方、議案提案権については、そもそも取締役会設置会社であれば議題との関係で制約されるので、議案数を制限するまでもない。すなわち、取締役会設置会社では招集通知に記載された議題でしか決議をすることはできないのであり（309条5項）、株主総会当日議場で議案を提案することには制約がある。修正動議であっても議題から一般的に予見可能な範囲を超えた議案を提出することはできないのである（中間試案の補足説明第1部第2・1）。そこで、議案数の制限が置かれていない。

　(3)　議案数の数え方　ただし、このような数による制限を置く場合において問題になることは、議案の数をどのように数えるかである。とくに、複数の役員の選任議案や解任議案、および複数の条項に関わる定款変更について、議論がなされてきた。この点について、以下のように改正法は詳細に定めている。

　①役員等の選任に関する議案については、当該議案の数にかかわらず、これを1の議案とみなす（305条4項1号）。

　ここでいう役員等は、423条1項で定義されている役員等から、株主総会で選任されない執行役を除いたものである。すなわち、取締役、会計参与、監査役または会計監査人のことである。役員等の選任にあたっては、1人の候補について1つの議案を構成すると解するのが従来からの通説であり、また実務の扱いでもあった。そこで、たとえば取締役の候補者について12人の提案をするとそれが12の議案の提案とされれば、それだけで上限を超えてしまうことになる。その場合、当該会社の取締役の定員が12名

でありすべてにつき候補者を提案したくても、それはできないということになる。また、その場合には取締役の選任以外の議案の提案も同時には行えないことにもなる。そこで、役員等の選任議案についてはこれを特別扱いとし、これをすべて上限数の例外と考えるとの案も、中間試案段階には示されていた。しかし、役員等の選任議案についても、他の議案と同様に濫用事例による弊害が想定されることから、全くの例外としてしまうことは不適切であるとされた。結局、候補者の人数にかかわらず、すべて1議案と数えるとの案が採用されている。

②役員等（上の①と同じ）の解任に関する議案については、当該議案の数にかかわらず、これを1の議案とみなす（305条の4項2号）。これも①と同様の趣旨である。

③会計監査人を再任しないことに関する議案については、当該議案の数にかかわらず、これを1の議案とみなす（同項3号）。これも①と同様の趣旨である。

④定款の変更に関する2以上の議案については、当該2以上の議案について異なる議決がされたとすれば当該議決の内容が相互に矛盾する可能性がある場合には、これらを1の議案とみなす（同項4号）。

従来、定款変更についても、株主がとくに議案を分けて提案しない限り、定款変更は1つの議案として取り扱われてきた。このため改正案としては、異なる条項の提案であっても、定款変更は1つの議案とみなすという考え方をとることもあり得た。しかし、相互に関連性のない条項をいくつ提案しても1つの議案と解するならば、濫用的な株主提案に対処できなくなってしまうおそれがある。そこで、ここでは形式的な規制にとどまらず、内容に踏み込んで実質的な規制を行っている。

すなわち、定款変更に関して、原則として、提案の内容である事項ごとに1つの議案として捉えることを前提としつつ、何が内容として提案されているかという実質面に着目し、異なる議決がされたとすれば相互に矛盾する可能性があるものであれば1つの議案とみなすとしているのである（神田・解説〔Ⅱ〕7頁）。たとえば、取締役会を設置している会社の株主

が、定款変更として監査等委員会を設置する条項と監査役を廃止する条項
とを提案した場合に、どちらか一方だけが可決され、他方が否決されたな
らば、会社法に違反した機関構成の状態が生じてしまうので、これは１つ
の議案とみなされる（中間試案の補足説明第１部・第２・１(4)）。

　中間試案では、内容において関連する事項ごとに区分して数えるという
案も示されていたが、何をもって「内容において関連する」といえるのか、
その判断基準には一定の解釈の余地が残らざるを得ないという批判もみら
れていた。そこで、一方の条項案が可決され他方の条項案が否決されると、
矛盾してしまう結果となる場合についてのみ、１つの議案としている。

　⑤複数の株主により共同して議案要領通知請求権が行使される場合は、
どのように解されるのであろうか。その場合について特段の規定はないこ
とから、株主が議案要領通知請求権を単独で行使する場合であっても、他
の株主と共同して行使するときであっても、各株主が提案することができ
る議案の数の合計は上限を超えることができないことになる。たとえば、
株主Ａが、他の株主Ｂおよび株主Ｃと共同して議案要領通知請求権を行
使し、10の議案を提案したとしよう。この場合には、Ａ、ＢおよびＣの各
株主がそれぞれ10の議案を提案したと捉えられることになり、これらの株
主は他の株主Ｄと共同して議案要領通知請求権を行使しようとする場合
であっても、すでに提案した10の議案以外の議案を更に提案することはで
きないこととなる（中間試案の補足説明第１部・第２・１(5)）。

●───3　検討されたものの、採用されなかった改正案

　(1)　目的等による議案の提案の制限　　濫用的な株主提案を防止するに
は、形式的な数の規制だけでは十分でないことから、内容による制限も検
討された。もっとも、すでに今回の改正が検討される以前においても内容
面から濫用的な株主提案に対する規制はなされていた。その１つは、当該
議案が法令もしくは定款に違反する場合、または実質的に同一の議案につ
き株主総会において総株主の議決権の10分の１以上の賛成を得られなかっ
た日から３年を経過していない場合に、議案提出や通知請求が認められな

いというものであり（304条ただし書、旧305条４項（改正後６項））、もう１つは、当該提案の理由が明らかに虚偽である場合または専ら人の名誉を侵害し、もしくは侮辱する目的によるものと認められる場合には、株主提案による議案について、株主総会参考書類に提案理由を記載すべしという要求から除かれるというものである（施行規93条１項３号かっこ書）。しかし、いずれもこれだけでは濫用防止に十分とはいえないという声も強かった。

　そこで、議案提案権（304条）および議案要領通知請求権（305条）については、次のいずれかに該当する場合には認められないとの法案が当初提出された[19]。

　　①株主が、専ら人の名誉を侵害し、人を侮辱し、もしくは困惑させ、または自己若しくは第三者の不正な利益を図る目的で、議案を提出しまたは議案要領通知請求をする場合

　　②株主が議案の提出または議案要領通知請求をすることにより株主総会の適切な運営が著しく妨げられ、株主の共同の利益が害されるおそれがあると認められる場合

　①は提案株主の主観的な目的からの規制である。このような目的での株主提案は制度趣旨に反し、株主の正当な権利行使とはいえないのであり、株主権の濫用といってよい。目的の認定は提案株主の客観的な事情から判断されることになる。これらの場合に該当するときは、たとえ株主の主張することが真実であったとしても会社は当該提案を拒絶できると考えられた（中間試案の補足説明第１部・第２・２(1)）。ここでは「専ら」それが目的であることが要件となっており、主としてそのような目的であったこと

---

19)　議題提案権については、内容による制限は提案されていなかった。この点については、議題提案権については、現行法上、株主の基本的権利であるとして、実質的に同一の議案の制限（304条ただし書、旧305条４項）と同様の制限が設けられなかったこと、議題の内容が不適切であるという場面は想定し難いこと、実務上、株主提案権の濫用的な行使が問題となっている株主総会参考書類を交付等しなければならない株式会社において、株主が議題提案権を行使した場合において、議題に対応する議案の要領（305条１項）を追加しなかったときは、株式会社はその株主の提案を拒否することができると解されていることなどを踏まえて、制限が置かれなかったとされている。中間試案の補足説明第１部・第２・２。

を要件とするものではない[20]。すなわち、主観的要件は厳格なものになっていた。

　②は客観的な要件である。総会の適切な運営という言葉には、総会の準備段階も含めていた。

　適切な運営は実際に「著しく」妨げられることが要件であるが、株主共同の利益の侵害はおそれさえあればよいとされていた。一方で「おそれ」により過度に株主提案を制限する可能性があることから、他方で「著しく」という要件を付加することによりバランスをとっていた[21]（中間試案の補足説明第1部・第2・2(2)）。実際に①や②に該当すると判断できる提案は少なくても、この規定が会社法に存在することで、不適切な株主提案が続出するという事態は抑止されるのではないかと考えられた。しかし、経営者の恣意的判断で株主の権利が損なわれるおそれがあるという意見が国会審議において出され、このような制限は採用されなかった。

　(2)　業務執行事項に関する提案にかかる定款変更議案の制約　　近時、定款変更をして代表取締役に特定の行為を行わせるとの株主提案が濫用的に行われているとの指摘があり、業務執行事項に関する提案にかかる定款変更議案を制約する法規定が検討された。しかし、業務執行には様々なレベルがあり、何が制約すべき業務執行にあたるか不明確であることや、前述の内容による提案の制限によって濫用的な株主提案をおさえられることを理由に、今回の改正法では、このような規制は採用されなかった[22]（中間試案の補足説明第1部・第2・2(3)）。

　(3)　持ち株要件の見直し　　公開会社である取締役会設置会社における議題提案権の要件としては、総株主の議決権の100分の1（これを下回る割

---

20)　「専ら」ではなく「主として」という案も検討されていたようであるが、要件として不明確であり、どのような場合に要件を充足するか判断が難しいうえに、株主提案権の重要性に鑑みて拒絶の要件を緩和しないこととしたとされる。神田・解説〔Ⅱ〕8頁。

21)　「著しく」ではなく「特に」とする案も検討されたが、後者はどのような場合がこれに当たるか不明確となると考えられて中間試案の段階で採用されなかったとされる。中間試案の補足説明第1部・第2・2(2)。

22)　神田・解説〔Ⅱ〕9頁によれば、そのような制約をすることは現在の会社法の体系に大きくかかわる問題であって慎重な検討を要するとする。

合を定款で定めた場合にあっては、その割合）以上の議決権または300個（こ
れを下回る数を定款で定めた場合にあっては、その個数）以上の議決権を 6 か
月（これを下回る期間を定款で定めた場合にあっては、その期間）前から引き
続き有する株主となっている（303条 2 項）。議案要領通知請求権について
も、同様である（305条 1 項）。この中で300個の議決権という要件は、引
き上げるか削除することが検討されてきた。これは、制度が導入された昭
和56年当時と比べて投資単位が小さくなっており、提案できる株主が多く
なりすぎること、総株主の議決権の100分の 1 と比べてバランスが悪いこ
と、可決される可能性が少ない提案に審議時間が割かれることになること
などが主な理由として挙げられていた[23]。しかし、平均的な投資単位が昭和
56年と現在とで大きく異なるわけではないことや、相対的基準に満たない
議決権しかもたない個人株主にも、絶対的基準があれば株主提案を行うこ
とが可能となるようになっているのに、これを廃止すれば株主提案を過度
に制限するおそれがあること、株主提案権の濫用防止といっても賛成割合
の低い株主提案を一律に排除すべきことにはならないこと、株主によるコ
ミュニケーションを過度に制約し、重要な株主権の 1 つである株主提案権
の正当な行使を阻害するおそれがあることなどから、300個以上の議決権
という持ち株要件を見直すことは、今回の改正の対象から外された（中間
試案の補足説明第 1 部・第 2 ・ 3 (1)）。

(4)　行使期限の見直し　　会社法では、株主提案権は総会の日の 8 週間
前までに行使しなければならないとされているが（303条 2 項、305条 1 項）、
これを前倒しすべきではないかとの意見があった。それは、招集通知に株
主提案の議案の要領を記載したり、株主総会参考書類に議案と提案理由を
記載したりする必要がある場合に、株主提案の適法性を検討し、招集通知
を印刷し、招集通知を発送するまでの期間が現行では短すぎるという実務
からの指摘によるものであった。しかし、そもそも株主にとって提案権行

---

23)　たとえば、松中452頁は、小規模な投資しか行っていない株主による提案が有益なものと
　　いえないならば、300個基準を廃止することが考えられるとする。

使の時点では、次の株主総会がいつ開催されるのかについて正確にはわからないのであり、8週間を前倒しした場合、いつまでに行使しなければならないのか、株主にとってますます予測することが困難になってしまうこと、また、総会の日に近接した時点まで会社の状況をみながら提案権を行使するべきかどうか、あるいはどのような内容の提案にするか、検討することも困難になってしまうこと等が考慮され、行使期限の見直しは改正の対象から外された（中間試案の補足説明第1部・第2・3(2)）。

第45章　取締役にかかる改正

　今回の改正は、取締役に関していえば、日本企業の国際的地位の低下という危機感を背景に、競争力の回復のため業務執行の意思決定や執行の場面で取締役に積極性をもたせるには、どのような動機づけ（インセンティブ）が必要かという課題に取り組むとともに、平成26年改正が残した課題である社外取締役の選任義務づけの是非等に対処するものである。

I　取締役等への適切なインセンティブの付与

●──── 1　取締役報酬にかかる改正

　(1)　改正前の状況　　監査役（会）設置会社および監査等委員会設置会社においては、取締役の報酬、賞与その他の職務執行の対価として会社から受ける財産上の利益（以下、「報酬等」という）の決定を定款または株主総会の決議で定めることを要求されている[1]（361条）。これに対して指名委員会等設置会社においては、361条1項の適用はなく（404条3項）、社外取締役が過半数を占める報酬委員会が個人別の報酬等の内容にかかる決定方針を定めたうえで、同委員会が当該方針に従って報酬等の内容を決定する（409条1項、2項）。かような報酬規制の趣旨については、従来は、取締役に決定を任せておくと取締役同士のなれ合いによって金額をつり上げること（いわゆるお手盛りの弊害）が生ずるおそれがあり、これに対処する趣旨と解する立場が有力であった。もっとも、近年において、取締役の報酬を単なる職務執行の対価として捉えるのみでなく、ガバナンス全体の一

---

　1)　監査等委員会設置会社においては、監査等委員である取締役とそれ以外の取締役に分けて、それぞれ定款または株主総会の決議で報酬等の額等を定め（361条2項）、監査等委員である取締役の報酬等については、監査等委員である取締役の協議によって具体的配分額を決める（同3項）。監査等委員以外の取締役の報酬の扱いは監査役会設置会社と同様である。

側面として適切に職務を執行するインセンティブを付与する手段に利用しようとする考え方（業績連動性の重視）が注目されている（会社法研究会・報告書17頁）。そのため、企業実務において、業績連動型報酬が採用されるようになっていた。

　しかし、ガバナンスの見地から361条の運用をみると、必ずしも問題がないわけではなかった。すなわち、指名委員会等設置会社以外の株式会社では、監査等委員である取締役以外の取締役の報酬等については、個々の取締役の報酬額を定款または株主総会で定める必要はなく、全取締役の報酬の総額の最高限度額を定めれば足りると解されており、株主総会決議でそのような定め方をすることが通常である（総額方式）。最高裁判例によれば、個々の取締役への具体的配分の決定は取締役会に委ねられ、取締役会はその多数決で具体的な決定を代表取締役に一任できると解されている（最判昭和60年3月26日判時1159号150頁、最判昭和31年10月5日商事法務51号13頁）。そして、取締役の員数が減っても、いったん株主総会が決議した報酬総額の限度額を超えない限り毎年決議する必要はなかった。したがって、お手盛り防止の趣旨が徹底されているとはいえなかった。また、業績連動性の重視の立場から見ても、「会社法上、株主総会の決議によって委任を受けた取締役会の決議により決定される各取締役の報酬が動機付けの手段として相当なものとなっていることを担保するための仕組みがない」と指摘されていた（会社法研究会・報告書17頁）。

　(2)　報酬等の決定方針の策定　このように各取締役の報酬額の決定プロセスに対してガバナンスの見地から批判が強く、会社法の規律を見直すことが検討課題とされた。たとえば、各取締役の報酬額の決定を代表取締役に対して再一任することは、実務においてかなりの程度広く行われているようであるが、取締役会のモニタリング機能を重視する見地から批判も強かった。そのため改正に至る過程では、代表取締役への再一任自体を規制の対象とすることが議論されたが、結局それは採用されなかった。

　これに代わって改正においては、多くの会社が取締役の個人別の報酬額等を定款または株主総会の決議により定めてはいないことを前提に、①監

査役会設置会社（公開会社であり、かつ、大会社であるものに限る）であって、金融商品取引法24条1項の規定によりその発行する株式について有価証券報告書を内閣総理大臣に提出しなければならないもの、および、②監査等委員会設置会社のいずれかに該当する株式会社に限定して、原則として、取締役会に対して、取締役の個人別の報酬等の内容についての決定に関する方針として法務省令で定める事項の決定を義務づけることとした（361条7項）。これまでは報酬等の決定方針の策定は任意であり、策定していたとしてもその内容は必ずしも株主に対して明らかにされてはいなかった（施行規121条柱書ただし書参照）ので、後述するように、その内容が開示されるのであれば一歩前進といえよう。

　取締役に対して業績連動報酬を与える場合に限らず、金銭の固定給で報酬を与える場合であっても、株主総会決議が取締役全員分の総額上限を定めるときは（361条7項ただし書参照）、その定めに基づく取締役の個人別の報酬等の内容についての決定に関する方針を、取締役の報酬等の決定方針として、取締役会決議によって定めることを要する。また、いったん取締役会決議で決定方針を定めたとしても、その後、事情の変化にあわせて取締役会決議によりそれを修正することは妨げられない。

　法務省令に委任される報酬等の決定方針の範囲については、たとえば、取締役の個人別の報酬等についての報酬等の種類ごとの比率にかかる決定の方針、業績連動報酬等の有無およびその内容にかかる決定の方針、取締役の個人別の報酬等の内容にかかる決定の方法（代表取締役に決定を再一任するかどうか等を含む）の方針等が予想される（神田・解説〔Ⅲ〕5頁）。代表取締役への再一任をするのであれば、取締役会において報酬等の決定方針の一部として決議を要することとなり、かつ、後述するように株主への開示対象とされる（神田・解説〔Ⅲ〕13頁）。今後、改正により、代表取締役が各取締役の報酬額決定に行使してきた裁量権が一定程度制約されることになるかどうか注目される。監査等委員会設置会社においても、報酬等の決定方針にかかる決定を取締役に委任することは許されない（399条の13第5項7号、6項）。

　改正361条7項の対象となる会社は上記の①②の会社に限られ、指名委員会等設置会社は対象外とされ、現行法の規律が維持される。現行法は、報酬委員会の権限として、執行役や取締役の個人別の報酬等の内容にかかる決定を掲げ（404条3項）、報酬委員会の職務として、執行役等に関する個人別の報酬等の内容にかかる決定方針を定めるように義務づけているからである（409条1項、2項）。対象となる会社のうち上記の①は、上場会社が想定される。上場会社の中には代表取締役を先頭に取締役全員が一丸となって業務に邁進する会社もあろうが、最近は社外取締役の設置が進むなどいわゆるモニタリングモデルを採用する会社も増えている。報酬決定のプロセスの適正性も取締役会の監督機能の一側面として重視することが、ガバナンス改革の流れといえる。監査等委員会設置会社が対象とされることも、同趣旨である。なお、監査等委員である取締役の個人別の報酬の決定は、前述したように、監査等委員の協議に委ねられている。現行法の規律との整合性のため、改正の対象に含まれていない。もっとも、監査等委員である取締役についても、それ以外の取締役とは別に、個人別の報酬の決定方針は定めておかねばならないので、監査等委員の協議は、その決定方針に従って行わなければならない。

　ところで、取締役の報酬等の決定方針を、取締役の報酬等の内容が決議される株主総会の場で取締役に説明させる（説明義務を負わせる）ことについては、改正においてはこの義務づけは見送られた。法制的理由によるものと説明されている（神田・解説〔Ⅲ〕6〜7頁）。今回の説明義務見送りは、株主総会で総額が決議されてから、その後取締役会において各取締役への具体的な配分額決定に際して、その配分額の決定方針を取締役会で決議するという順序を想定したものであろう。もっとも、取締役が報酬議案を提出するにあたり、取締役会で各人別の報酬内容決定方針をあらかじめ定めておいて、その方針を念頭に総額の報酬議案を提案するのではなかろうか。そうであれば、株主総会の審議を充実させるために、決定方針と実際の報酬議案との関連性について説明させることに意義が認められるようにも思われる。なお、改正では361条4項の説明義務の範囲を拡大し、

金銭報酬で確定額であるものを報酬内容とする場合であっても、株主総会で（代表）取締役は当該事項を相当とする理由を説明しなければならないものとした。決定方針自体は説明義務の対象とはならないものの、これにより、金銭で固定報酬重視の株式会社であっても、株主総会に報酬議案を提出するとき（報酬額の改訂時）はいつでも株主総会の場で、そのような報酬形態を採用する必要性や合理性を説明しなければならないこととなる。今後は、各取締役の成果に応じて報酬を与えるインセンティブ報酬へと会社実務を誘導することになるものと予想される。

　後述するように、事業報告において報酬等の決定方針が開示されるならば、報酬を審議しない総会においても、事業報告への質問の一環として、報酬等の決定方針が取締役の説明義務（314条）の対象となる。

　(3)　情報開示の充実　　情報開示は一般論として、事実を「見える化」することによって、不正を防ぎ適切な行動を促す効果が期待される。もっとも、取締役の報酬にかかる情報開示の内容は会社実務を前提として構築されてきたので、必ずしも十分なものとはいえなかった。[2]一方、金融商品取引法は、報酬額が1億円以上の取締役の個人別開示を求めるなど、会社法と比較して開示すべき内容が充実していることが注目された。もっとも、取締役の報酬にかかる開示を充実させる具体的方策は賛否両論に分かれ、方向性がみえにくかった（会社法研究会・報告書18頁）。

　改正に基づき、会社法施行規則には次の事項が開示項目として追加されると予想される。その趣旨は取締役を含む会社役員（取締役、会計参与、監査役、執行役等をいう）の報酬等について、公開会社における事業報告による情報開示の充実を図ることにある。

---

2)　改正前の会社法施行規則は、公開会社に限定して、当該事業年度にかかる取締役の報酬について事業報告の記載事項として、取締役全員の報酬等の総額を掲げることとする場合は報酬等の総額および員数、取締役の個人別報酬等の額を掲げることとする場合は報酬等の額、取締役の一部につき個人別報酬等の額を掲げることとする場合は当該取締役の報酬等の額およびその他の取締役の報酬等の総額および員数を、開示項目としていたにすぎなかった（施行規121条4号）。いわゆるストック・オプションについても、開示内容は十分とはいえなかった（施行規123条参照）。

①報酬等の決定方針に関する事項

②報酬等についての株主総会の決議に関する事項

③取締役会の決議による報酬等の決定の委任に関する事項

④業績連動報酬等に関する事項

⑤職務執行の対価として株式会社が交付した株式または新株予約権等に関する事項

⑥報酬等の種類ごとの総額

　国内外の投資家から事業報告における報酬の開示を充実させる必要性や重要性が指摘されていることをふまえて、会社の事務的な負担の増加はやむなしと考えられた（神田・解説〔Ⅲ〕12頁）。事業報告と有価証券報告書の一体化が支持される状況において、両者の開示内容を可能な限り合わせることが適切と考えられたのである。もっとも、報酬等の内容についてあまりに詳細な情報を提供されても、一般の株主がこれを的確に理解することは必ずしも容易とはいえない。改正による情報開示の充実は、一般株主というよりも、むしろ機関投資家など情報分析力に優れた投資家が事業報告の開示内容を比較検討し、経営者との対話を通じて市場のチェック機能を発揮することを期待してのものであろう。

　一方、改正では、検討事項として議論の対象となった取締役の個人別報酬内容の開示については、意見が分かれた結果、最終的には見送ることとした。この点は将来の課題となった。

　(4)　インセンティブ報酬の規律　　取締役の意欲を引き出す動機づけ（インセンティブ）を与えると考えられる報酬形態には、様々なタイプがある。ストック・オプションのほか様々なインセンティブ報酬が設計可能である[3]。最近の傾向として、株式報酬型（現物株型）のインセンティブ報酬を導入する上場企業が増えている（日本経済新聞2018年6月15日朝刊）。ところで、株式報酬やストック・オプションは会社法上問題がないとはいえなかった。たとえば、報酬として株式を直接取締役や執行役に対して交付

---

3)　尾崎26頁およびそれに引用された文献を参照。株式報酬型のインセンティブ報酬や疑似株式報酬型のものなどが紹介されている。

することが会社法上許されるのかどうかは、募集株式の払込金額またはその算定方法を常に定めることを義務づけている199条2項の関係上、明らかとはいえなかった。そのため、まず、金銭を取締役の報酬とする処理をし、そのうえで当該会社に対する報酬支払請求権を現物出資財産として給付させることによって株式を発行するという手続（207条9項5号参照）を経る必要があると解されていた。もっとも、このような方法によって株式報酬を取締役に付与する場合には、金銭報酬（361条1項1号）の枠内で処理されるので、同項3号に掲げる事項を株主総会の決議によって定める必要がないと解釈される可能性があった（会社法研究会・報告書18頁）。これでは形式と実態にズレが生じ株主にとってはわかりにくい処理であるといわざるを得ないし、有利発行規制との関係も必ずしも明確ではない。

　新株予約権をストック・オプションとして利用する場合にも、同様に問題があった。募集新株予約権と引換えに金銭の払込みを要しないこととすることが認められているため（238条1項2号）、株式とは異なり、238条3項各号に当たる場合を除き、取締役会決議をもって（240条1項）、報酬として新株予約権を金銭の払込みまたは財産の給付を要しないで取締役に交付することができると解釈することが可能であった。しかし、新株予約権についても、手続上の明確性や税務上の処理の明確性が優先され、実務においては株式の場合と同様に、相殺構成による発行が行われている（中間試案の補足説明第2部・第1・1(2)・42頁）。そのため、株主の立場からは、取締役に付与された新株予約権の内容もみえにくいものとなっていた。[4]

　そこで改正では361条1項に、エクイティ報酬について定款または株主

---

4) 改正前、ストック・オプションについては別の法的問題があった。すなわち、上場会社では近年、役員退職慰労金を廃止する代わりに、取締役に対し、行使価額をきわめて低額（通常は1円）にし、かつ取締役を退任することを権利行使の条件とする新株予約権を発行する例が増えていたことが、これである。実務では、株式報酬型ストック・オプションと呼ばれていた。報酬規制を経ていれば新株予約権を払込対価なしで発行できるという理解を前提に、有利発行規制に抵触しない限り、行使価額を1円と設定したストック・オプションも適法だと考えられていたようである。事実上無償で株式を発行するに等しいものであった。あるいは、労務（職務執行）を対価に株式発行を許容するものであったといえよう。もっとも、この点について会社法上問題がないと解してよいかどうか明確とはいえなかった。

総会の決議で定めるべき事項として、①報酬等のうち当該会社の募集株式（199条1項に規定する募集株式をいう）については、当該募集株式の数（種類株式発行会社にあっては、募集株式の種類および種類ごとの数）の上限その他法務省令で定める事項（361条1項3号）、②報酬等のうち当該会社の募集新株予約権（238条1項に規定する募集新株予約権をいう）については、当該募集新株予約権の数の上限その他法務省令で定める事項（361条1項4号）、③報酬等のうち次のイまたはロに掲げるものと引換えにする払込みに充てるための金銭については、当該イまたはロに定める事項として、イ.当該会社の募集株式の場合は、取締役が引き受ける当該募集株式の数（種類株式発行会社にあっては、募集株式の種類および種類ごとの数）の上限その他法務省令で定める事項、ロ.当該会社の募集新株予約権の場合は、取締役が引き受ける当該新株予約権の数の上限その他法務省令で定める事項（同項5号）、をそれぞれ追加した。なお、現行の現物報酬の定めは、報酬等のうち金銭でないもの（当該会社の募集株式および募集新株予約権を除く）として、同項6号に移された。

　改正では、前述した問題点をふまえ、361条1項を改正し、従来の現物報酬に加えて、株式または新株予約権による報酬等（エクイティ報酬）について、定款または株主総会の決議で定めるべき事項を明確にしようとしたのである。株式または新株予約権を報酬等として付与する場合には、既存の株主に持株比率の低下が生ずるだけでなく、希釈化による経済的損失が生ずる可能性があるので、株式または新株予約権については、その具体的な内容をより明確にすることが望ましいからである（神田・解説〔Ⅲ〕8頁）。また、その取得に要する資金に充てるための金銭を付与するものであったとしても、間接的に株式等を報酬として付与するものであるから、やはり通常の金銭報酬とは異なる性質をもつことを明らかにしたという意義を有する。

　エクイティ報酬にかかる株主総会権限の拡大は、問題解決に向けて重要な前進といえる。もっとも、株主総会の決議事項があまりに細かくなりすぎてしまうと、株主が合理的な判断を下すことがかえって難しくなるとい

う懸念がある。そのため、中間試案では決議事項を要綱という概括的な言葉で示していた。これに対して改正では法律自体に定める決議事項は絞り込まれており、詳細は法務省令に委任する形式が採用された。法務省令で定める事項は、株式報酬の場合については、ⓐ一定の事由が生ずるまで当該株式を他人に譲り渡さないことを約した取締役に対して当該株式を交付することとするときは、その旨および当該一定の事由の概要、ⓑ一定の事由が生ずることを条件に当該株式を交付することとするときは、その旨および当該一定の事由の概要、ならびにⒸⓐおよびⓑに掲げる事項のほか、当該株式を交付する条件を定めるときは、その条件の概要が定められる予定である。また、新株予約権を報酬として付与する場合については、ⅰ236条1項1号から4号までに掲げる事項（当該新株予約権の目的である株式の数またはその数の算定方法、当該新株予約権の行使に際して出資される財産の価額またはその算定方法、当該新株予約権の行使に際して現物財産を給付するときは、その旨ならびに当該財産の内容および価額、当該新株予約権の権利行使期間）、ⅱ一定の資格を有する者が当該新株予約権を行使することができることとするときは、その旨および当該一定の資格の内容の概要、ⅲⅰおよびⅱに掲げる事項のほか、当該新株予約権の行使の条件を定めるときは、その条件の概要、ⅳ236条1項6号に掲げる事項（譲渡制限新株予約権とするとき）、ⅴ同項7号に掲げる事項（取得条項付新株予約権とするとき）の概要、ならびにⅵ当該新株予約権を交付する条件を定めるときは、その条件の概要が定められる予定である（法制審議会・会社法部会の部会資料26第2部・第1・1（2）の補足説明参照）。

　エクイティ報酬（株式等の取得に要する資金として金銭を交付する場合を含む）が非金銭的報酬として361条1項3号から5号に明文で定められたため、同条4項に基づき、株主総会において、（代表）取締役はエクイティ報酬を付与する相当性を説明する義務を負うこととなる。もっとも、その算定方法や内容を示されただけでは、必要性や合理性について株主にとって明確とならない懸念が残る。株主に必要性や合理性を納得してもらうために、説明に工夫を凝らすことが求められる（中間試案の補足説明第2部・

第1・1（2）・43頁参照）。株主総会で決議すべき事項を整理しつつ、説明義務を尽くさせることにより、全体として株主総会によるチェック機能を充実させようとすることが改正の趣旨である。361条1項5号に基づき従来のように現物出資あるいは相殺の方式により実質的にエクイティ報酬を付与することが引き続き行われるのか、それとも同項3号あるいは4号に基づき直接エクイティ報酬の付与として株主総会決議により定めるか、いずれが主流となるのか今後の実務の動向が注目される。

　なお、指名委員会等設置会社においても、同様の改正が409条3項に対してなされた（同項3〜5号の追加、従来の3号が6号に繰り下げ）。もっとも、監査役（会）設置会社や監査等委員会設置会社と異なり、取締役・執行役の個人別の報酬内容を報酬委員会が決定しなければならない関係で、同委員会の決定事項は、株式報酬については当該募集株式の数（種類株式発行会社にあっては、株式の種類および種類ごとの数）その他法務省令で定める事項、新株予約権を報酬として付与する場合については当該募集新株予約権の数その他法務省令で定める事項と規定されている（株式等の取得に要する資金として金銭を交付する場合も同様である）。

　(5)　株式・新株予約権の発行の規律の見直し　　改正においては、取締役や執行役に対していわゆるエクイティ報酬を付与する場合について、前述したように、非金銭的報酬の一種として定款または株主総会の決議で定めることを前提として、募集株式の発行または自己株式の処分（募集株式の発行等）および新株予約権の発行手続の特例を設け、払込みを要しない募集株式の発行等および新株予約権の行使を認めることとした（202条の2、236条3項、4項）。

　前述したように、エクイティ報酬として募集株式の発行等を行おうとすると改正前は現物出資構成を利用せざるを得ず、エクイティ報酬として新株予約権の発行を行おうとすると、実務上相殺構成が選択されている。また、実務上、退職慰労金の代わりに、行使価額を1円にすることにより実質的に行使に際して財産出資を要しない新株予約権を交付するということも行われてきた。しかし、これらの実務慣行は、実質的にはエクイティ報

酬の付与でありながら、改正前の規律が制約となって迂回的な行動を誘発していると評価することができるし、むしろ直截に株式や新株予約権を報酬として交付するほうが株主の見地からわかりやすいといえる。また、出資の履行なしに募集株式の発行等を許容するのであれば、新株予約権の行使に際しても出資の履行を要しないものとすることを許容することが、論理一貫した扱いといえる。

ところで、361条1項や409条3項の改正は、株式会社を区別せずにエクイティ報酬の付与を認めるものである。もっとも、その規律を前提としたとしても、すべての株式会社に対し募集株式の発行等および新株予約権の発行手続の特例を認めてよいかどうかは、慎重な検討を要した。実際、改正に至る過程において、積極的に肯定しようとする立場とは対照的に、そのような見直しが実質的に取締役による労務出資を認めることとなることや、不当な経営者支配を助長するおそれがあることを理由に消極的な立場もあった（中間試案の補足説明第2部・第1・1(4)・44頁）。株式と新株予約権とを区別して立法する選択もあり得た。結局、以下に述べるように、株式と新株予約権の規律について平仄を合わせることとしたうえで、労務出資ともいえるが、それを正面から認めると株式会社の理念に反してしまう懸念があるので、株式評価が公正になされるであろうと考えられる会社に限って、特例として認めることとされた。無償発行し行使価額1円とする新株予約権の適法性を、事実上追認したともいえる。なお、不当な経営支配のおそれに関しては、常に特別決議を要する非公開会社の規律に変わりはない（そもそも特例の対象外である）し、公開会社一般にまで特例を認めないことによって対処しようとしている。

改正で新設された202条の2によれば、金融商品取引法2条16項に規定する金融商品取引所に上場されている株式を発行している会社（上場会社）は、定款または株主総会の決議による361条1項3号に掲げる事項についての定めに従い、その発行する株式またはその処分する自己株式を引き受ける者の募集をするときは、払込金額および払込期日を定めることを要しない（202条の2第1項）。代わって、この場合において、当該会社は、

募集株式について次に掲げる事項を定めなければならない。すなわち、①
取締役の報酬等として当該募集にかかる株式の発行または自己株式の処分
をするものであり、募集株式と引換えにする金銭の払込みまたは現物出資
財産の給付を要しない旨、および、②募集株式を割り当てる日（割当日）
を定めることを要する（同項1号、2号）。この特例を利用して出資の履行
を要しないで募集株式の発行等が行われるとき、会社は、募集事項として、
上記①②に加えて、ⓐ募集株式の数（種類株式発行会社にあっては、募集株
式の種類および数）、および、ⓑ株式を発行するときは、増加する資本金お
よび資本準備金に関する事項を決定しなければならない（199条1項1号、
5号）。そして、202条の2第2項は、払込金額および払込期日・期間の規
定の適用がないが募集事項の決定機関の原則的規律は維持されることを明
らかにする趣旨で、決定機関の特則を定める200条および202条の適用がな
い旨を明定する（202条の2第2項後段）。また、直接の明文の定めはない
が、有利発行規制（199条3頁）の適用は、当然に適用外となる。したがっ
て、非公開会社の場合は募集事項の決定機関は株主総会であるが、公開会
社の場合は取締役会が決定機関となる。

　さらに、この場合も203条、204条または205条の適用はあることを前提
に、出資の履行を要しないで募集株式の発行等を受けられるのは株式報酬
の場合だけであるから、その対象を限定して361条1項3号に掲げる事項
についての定めにかかる取締役（取締役であった者を含む）以外の者は、引
受けの申込みまたは総数引受契約の締結をすることができない旨明文で定
められた（205条3項、5項）。また、当該募集株式の引受人は、割当日に、
その引き受けた募集株式の株主となる（209条4項）。なお、関連して払込
期日を基準とする会社法の規律について、割当日と読み替える旨の定めが
新設された（205条4項）。

　ただし、361条1項5号イの定めに従い募集株式の払込みに充てるため
に金銭を報酬として支給する場合は、202条の2の特則の対象外であって、
募集株式の発行等の規律は維持されることに留意を要する。

　上場会社は、定款または株主総会の決議による361条1項4号または5

号ロに掲げる事項についての定めに従い新株予約権を発行するときは、権利行使価額またはその算定方法を当該新株予約権の内容とすることを要しない（236条3項）。この場合は、代わって、会社は新株予約権の内容について次に掲げる事項を定めなければならない。すなわち、①取締役の報酬等としてまたは取締役の報酬等をもってする払込みと引き換えに当該新株予約権を発行するものであり、当該新株予約権の行使に際して出資の履行を要しない旨、および、②定款または株主総会の決議による361条1項4号または5号ロに掲げる事項についての定めにかかる取締役（取締役であった者を含む）以外の者は、当該新株予約権を行使することができない旨が定められなければならない（236条3項1号、2号）。上場会社は、①および②の事項を定めたときは、その定めを登記しなければならない（911条3項12号ハ）。このように、上場会社は、従来より、募集新株予約権を、発行時に払込みを要せず発行することができ（238条3項1号参照）、また有償で発行する場合も有利発行に該当しなければ同様に（同項2号参照）、いずれも取締役会の決議により発行しうるが（240条1項）、さらに、改正によって、いわゆるエクイティ報酬として株主総会決議を経て取締役らに付与する限り、権利行使時においても払込みを要することがなくなった（権利行使価額を1円と設定する必要がなくなった）ので、募集株式の場合と同様に取締役らに対して無償で株式を発行することが可能となった。

　さらに、いわゆるエクイティ報酬として出資の履行なしに株式が発行される場合に、当該株式発行にかかる資本金および準備金として計上すべき額については、法務省令で定められることとなる（445条6項）。この点、現在のストック・オプションに関する会計処理に準じ、取得した財貨またはサービスを資産または費用として、対応額を払込資本として計上し、取締役等との間で株式の交付に関する契約を締結した日における株式の公正な評価額で算定するものとすることが考えられる（神田・解説〔Ⅲ〕11頁）。

　なお、取締役・執行役の報酬等として付与される株式および新株予約権に関する特則は、上場会社である指名委員会等設置会社についても適用がある。そのための所要の整備がなされている（202条の2第3項、205条5項、

236条4項）。

　一方、上場会社以外の会社においては、上記の特例措置を利用することができないので、改正後において、たとえエクイティ報酬の定めを株主総会で決議したとしても、対価なしで株式の発行等ができない。現物出資方式や相殺方式を利用することとなろう。

●───2　会社補償にかかる改正

　(1)　規制のあり方　　会社役員、とりわけ取締役や執行役は会社の業務執行の意思決定や業務の執行を職務とする役員であり、現代の複雑化する経済社会において職務に関連して会社や第三者から責任追及を受けることや会社や第三者に対して賠償責任を負う危険性が増している。民事責任のみならず、刑事責任や行政上の制裁を追及されることもありうる。もしも取締役らがそのような費用や損失を常に自らの責任として負担しなければならないということであれば、取締役らの意思決定や行為は過度に萎縮してしまう可能性がある。そもそも取締役のなり手（とくに社外取締役の人材）がいなくなってしまうかもしれない。それはガバナンス改革の趣旨と整合せず、会社や株主全体の利益に反することになりかねない。もっとも、取締役らが責任追及の費用や損失を常に自らは負担することなく、会社の計算で補填することが許されてしまうならば、それは会社・取締役間の利害衝突の危険があるといえ、リスクを顧みない放漫な行動を誘発してしまう弊害も無視できない（会社法研究会・報告書19頁参照）。バランスのとれた制度設計が求められた。

　(2)　会社補償とD&O保険の関係　　ところで、取締役や執行役が職務に関連して負う可能性のある費用や損失を填補する方法は一様ではない。たとえば、会社自らが取締役らに対して支払う方法（いわゆる会社補償）（江頭466頁）も考えられるし、会社が保険会社との間で取締役らを被保険者とする損害賠償責任保険（いわゆるD&O保険）を締結して、費用や損失は保険によって賄う方法（D&O保険実務研究会5頁）も考えられる。会社補償は、会社が取締役に対して直接金銭を支払う形式をとるので利益相反

の要素が強い。その代わり、会社に資金的余裕がある限り、会社・取締役の契約で填補の内容・程度を決めることが可能である。一方で、D&O保険は、保険会社が取締役の費用を填補する形式をとるので利益相反の要素は比較的弱いように思われる。ただ、保険会社がどの程度まで保険でカバーしてくれるかは結局のところ契約次第ということとなり、取締役に対して確実に填補されるのかどうか明確とは必ずしもいえない。このように、いずれの方法も一長一短があり、どちらか一方だけあればよしとするわけにはいかない。前述したバランスに配慮しつつ会社補償とD&O保険との組合せをどのように考えるかが立法課題となった。

　会社補償とD&O保険は車の両輪に例えられる。詳細は後述するが改正においては、①会社補償の認められる範囲を比較的狭く設定し、②会社補償による会社の損失を保険で填補することがあってもそれをD&O保険として扱わず（保険実務でいういわゆるサイドBを含まない）、③取締役らが職務執行に関連して対会社・対第三者を問わず賠償責任として負担しなければならなくなった費用や損失を填補する保険をD&O保険として規制対象とする（保険実務でいういわゆるサイドAのみ）、という枠組みを採用した。会社補償よりもD&O保険でカバーされる範囲が比較的広い。実務において、D&O保険が上場会社を中心に普及しているという事情が影響したと考えられる。会社補償は解釈上の疑義があって普及しているとはいえないうえ、会社・取締役間の契約である（利益相反性のおそれがある）ことも広く認めることに妨げとなったのであろう。論理必然というよりも日本の事情が、制度設計に反映されたのである。

　(3)　改正前の状況　　従来の解釈によれば、取締役らは、民法の委任の規定に基づき、職務執行の費用等の支払を会社に対し請求しうる場合もあると解されてきた（民650条）。もっとも、民法の解釈自体が明確とはいえないうえに、取締役（あるいは執行役）・会社間の契約によって請求可能な範囲をどこまで拡張できるかどうかも判然とはしなかった。たとえば、弁護士費用等の防御費用について、前払請求への拡張や取締役が敗訴した場合でも会社負担が許されるかなど明確ではなかったし、まして損害賠償金

や和解金の扱いについては取締役らの過失責任が前提となるから、そもそも会社による支払が許されるのか疑義があった。このように解釈が必ずしも明確とはいえなかった事情が、従来会社補償に関する実例が少なかった原因と考えられる。

（4）　新設された補償契約の規律　　改正においては、役員等（取締役・会計参与・監査役・執行役または会計監査人）に関する規律の見直しの一環として、会社法を改正して補償契約にかかる規定を新設した（430条の2）。会社と役員等の間の補償契約（会社が、役員等に対して法定の費用等の全部または一部を当該会社が補償することを約する契約）が補償を行う根拠として構成され、当該契約内容を会社法の規制下に置くとともに、当該契約締結にかかる手続等の規律を新設しようとして導入された。適用範囲の広狭はともかく、補償契約を正面から会社法により規制しようとするものである。

　ここに補償契約とは、会社が役員等との間で締結する契約であって、①当該役員等が、その職務の執行に関し、法令の規定に違反したことが疑われ、または責任の追及にかかる請求を受けたことに対処するために支出される費用（いわゆる防御費用）、ならびに、②当該役員等が、その職務の執行に関し、第三者に生じた損害を賠償する責任を負う場合における損失（当該損害を当該役員等が賠償することにより生ずる損失、および当該損害の賠償に関する紛争について当事者間に和解が成立したときは、当該役員等が当該和解に基づく金銭を支払うことにより生ずる損失）の全部または一部を当該会社が補償することを約する契約をいう（430条の2第1項1号、2号）。

　いわゆる会社補償は、役員等にその職務の執行に関して発生した費用や損失の全部または一部を、会社が事前または事後に負担することを意味するといわれる（神田・解説〔Ⅳ〕5頁）。もっとも、令和元年改正430条の2が定める補償契約の対象は防御費用と第三者に対する賠償金や和解金とされている。防御費用は民事・刑事・行政の区別なく責任追及に対する弁護士費用等の防御費用が対象に含まれるのに対して、損害賠償金等は民事のものに限られ、刑事の罰金や行政による課徴金等は対象から除外されている。罰金等は、責任ある役員等自身が負担すべきという趣旨である。民事

賠償金であっても、会社に対するものはやはり除外される。会社法が定める対会社責任に係る免責制度（424〜427条）を経ずに、事実上の免責効果が生ずる会社補償を利用することは妥当ではないと考えられたのであろう。

　補償契約の対象となる費用のうち、防御費用については、法制審の審議の過程で主観的制限をかけるべきではないかという意見や、会社自身が取締役の責任を追及している場合にも会社による費用負担を認めることについて疑問とする意見があったようであるが、賠償金や和解金とは異なり、役員等が悪意または重過失であったとしても補償対象から前もって除外されていないし、会社や株主が役員等の責任を追及している場合であっても補償対象から除外されていない。前者の理由として、役員等が第三者から責任の追及される場合には、その役員等に悪意または重大な過失が認められるおそれがあるときであっても、その役員等が適切な防御活動を行うことができるように、これに要する費用を会社が負担することが、会社の損害の拡大の抑止等につながり、会社の利益にもなることもあると考えられることや、役員等に悪意または重大な過失があるときであっても、費用であれば、これを補償の対象に含めたとしても通常は職務の適正を害するおそれ（いわゆるモラル・ハザード）が高いとまではいうことができないからである（神田・解説〔Ⅳ〕7〜8頁）。また、会社や株主が取締役らの責任を追及している場合は、いわば敵に塩を送ることになりそうで疑問の余地が残るところであるが、同様の理由で正当化されたのであろう。もっとも、たとえ補償契約でカバーされずとも、後述するD&O保険でカバーされるのであるから、補償契約でカバーされるとしてもやむを得まい。

　なお、会社は補償契約を締結したからといって、必ずしも常に役員等に対し上記①②の費用等の全部の支払を強制されるわけではないことにも留意を要する。補償契約の内容として、会社法が許す範囲内で義務的な支払を約することも可能ではあるが、定義規定中の「一部……」という文言から、限定的に支払うというアレンジや、支払うか否かを会社が個別に判断するというアレンジも許される。

　新設された補償契約については、会社法自体が補償契約の内容を制限し

ていることが注目される。すなわち、会社は、補償契約を締結している場合であっても、当該補償契約に基づき、ⓐ防御費用のうち通常要する費用の額を超える部分、ⓑ会社が、役員等が負うべき損害賠償金や和解金を賠償するとすれば、当該役員等が当該会社に対して423条1項の責任（任務懈怠責任）を負う場合には、賠償金等のうち当該責任にかかる部分、ならびに、ⓒ役員等がその職務を行うにつき悪意または重大な過失があったことにより損害賠償責任を負う場合には、賠償金等の全部、について補償することはできない（430条の2第2項1～3号）。

　防御費用の相当性に関しては、弁護士報酬は個別具体的な紛争における事件の特殊性を考慮して決定されることになろうし、弁護士報酬以外の費用については訴訟追行上不可欠か否かを基準に判断されることになろう。もしも会社が不相当な額の費用を支払ってしまった場合の私法上の効力は解釈に委ねられるが、原則として無効と解すべきであろう。仮に相当な範囲内で防御費用を役員等に対して支払ったが、その後事案の全容が明らかになり、役員等が自己もしくは第三者の不正な利益を図り、または会社に損害を加える目的で職務を執行したことが会社の知るところとなった場合には、会社は当該役員等に対して支払った金額に相当する金銭の返還を請求しうる（430条の2第3項）。このような場合にまで会社の費用で防御費用を賄うことは、役員等のいわゆるモラル・ハザードを生じさせる懸念があるからである。

　役員等がその職務を行うにつき悪意または重大な過失があったとき、430条の2第3項に反しない限り防御費用は会社負担が許されるが、賠償金や和解金は会社負担が許されない（430条の2第2項3号）。この点については、賠償金等の補償の段階は、すでに裁判所の終局的な判断が下されたときや和解をしたときであり、その段階では役員等の善意無重過失の判断も可能であるからという理由が挙げられる。[5] もっとも、このような制限

---

5)　真実は悪意または重過失であるにもかかわらず、善意無重過失だと信じて補償を実行した取締役は、善意無重過失であると信じていれば423条1項の任務懈怠責任を負うことはない（神田・解説〔Ⅳ〕8頁）。

が置かれた結果、429条1項の従来の解釈運用を前提とすると、役員等の対第三者責任が同項に基づき追及され、その責任が認められてしまうと少なくとも重過失ありという裁判所の判断が示されたことを理由に、賠償金が補償により填補される可能性がなくなってしまいかねないように思われる。不法行為責任のように過失責任が問題となるときのみ補償可能となりそうである。これでよいのか疑問がないわけではないが、少なくとも従来は429条1項が適用されるケースは会社の支払能力が事実上失われている状況であることが多かったことに照らすと、そのような場合に役員等が会社の補償を期待することはそもそも無理といえる。

　会社が第三者に対する損害を全額賠償するとすれば当該役員等が会社に対して423条1項の責任（任務懈怠責任）を負う場合には、賠償金等のうち当該責任にかかる部分は、会社補償の対象から除外される（430条の2第2項2号）。たとえば、役員等が第三者に対して賠償責任を負うとき、もしも会社が被害者に対して全額の賠償をしたとすると、会社は当該役員等に対してその負担部分の求償を423条1項に基づき請求することができ、当該役員等は補償契約を盾に取って求償責任を免れることはできないこととなる。[6]役員等の任務懈怠の結果として会社が課徴金や罰金等の支払を命じられ、会社が損害を被った場合にも、同様に当該役員等は求償責任を免れることはできない。会社と役員等が第三者に対して連帯責任を負う場合に、会社が当該第三者に対して全額賠償したときでも、会社は当該役員等に対して求償できる。ただし逆に役員等が全額賠償すれば、会社に対して会社負担部分の求償を求めることは可能である。したがって、会社と役員等が第三者に対して連帯して賠償責任を負うときは、会社・役員等それぞれが自己の負担部分を負担する結果となる。このようにして、補償契約の有無により役員等が負担しなければならない賠償額に差異が生ずることはなくなると思われる。

---

6)　取締役が求償責任を免れるには会社法が定める免責規定、たとえば責任限定契約（427条）に依拠するほかない。今後、補償契約の普及が既存の責任免除規定の運用に影響を与えるか注目される。

(5) 補償契約の手続　　会社は、役員等との間で補償契約を締結するには、株主総会（取締役会設置会社にあっては、取締役会）の決議によってその内容を決定しなければならない（430条の2第1項柱書）。

　会社と役員等の間の補償契約は、役員等が本来は負担すべき費用等を会社が代わって支払う内容の契約であり、会社の利益を犠牲にして役員等に経済的利益が生ずるものといえ、この面だけみると取締役や執行役の利益相反取引（直接取引）に含まれると考えられる。もっとも、そのように解してしまうと、会社法が定める利益相反取引にかかる規律が補償契約に対しても重ねて適用され、株主総会（取締役会設置会社にあっては、取締役会）の決議が要求されるのみならず、補償契約の締結に伴い、任務懈怠の推定規定（423条3項）、無過失責任規定（428条1項）、さらに責任一部免責規定の適用除外（同条2項）といった諸規定が適用されてしまう。前述したように会社補償契約にはメリットがあり、それゆえに一定範囲内でこれを許容すべく法定されるわけであるから、会社が補償契約の締結を尻込みしてしまうようなことは好ましいとはいえない。そのため、改正においては、現行の362条4項の規制とは別枠の規制として慎重な審議を求めるという趣旨で株主総会（取締役会設置会社にあっては、取締役会）の決議を要求しつつ、直接取引には該当しないことを明確にする[7]（430条の2第6項）。

　もっとも、利益相反的要素が完全に払拭されるわけでもないから、監査等委員会設置会社や指名委員会等設置会社において、補償契約の内容の決定は、（代表）取締役や執行役に意思決定を委任しうる要件が整っている場合であっても、これらの者に決定を一任することは許されない（399条の13第5項12号、416条4項14号）。同様に、監査役（会）設置会社においても補償契約の内容の決定は、取締役会の専決事項であると解される（365条1項）。

---

7)　その結果、会社代表者が自らとの間で補償契約を締結することが民法の自己取引に該当しうることとなる。その不都合を回避するため、取締役会等の決議によって承認された補償契約は、その締結が自己取引に該当しない旨を明文で定められた（430条の2第7項）。

　一方、補償契約の実行に関する手続については、その規律をめぐって中間試案に対するパブリックコメントは意見が分かれたようであるが、結局、補償契約に基づき補償を実行する際には、取締役会等の決議を要しないものとされた。もっとも、事案によっては、補償契約に基づく補償の実行は「重要な業務執行の決定」（362条4項柱書）に該当すると解される余地がある（神田・解説〔Ⅳ〕9頁）。さらに、会社が補償契約の実行後に善後策を講じる可能性を残すため、取締役会設置会社においては、補償契約に基づく補償をした取締役（執行役）および当該補償を受けた取締役（執行役）は、遅滞なく、当該補償についての重要な事実を取締役会に報告することが義務づけられた（430条の2第4項、5項）。

　(6)　補償契約にかかる情報開示　　補償契約には会社・役員等間の利益相反的な性質があることは否めないし、たとえば全取締役が補償契約を締結すると、これを取締役会の決議のみで正当化することに、職務の適正性確保の観点から問題がある。したがって、株主のチェック機能に期待して、株主に対する情報開示が求められる。もっとも、どの程度の情報を開示させるかをめぐって中間試案に対するパブリックコメントは意見が分かれたようである。現時点では詳細は明らかではなく推測の域を出ないが、会社法施行規則が改正されて、以下のように情報が開示されると予想される。すなわち、当初の提案と比較して対象会社の範囲・開示内容が絞りこまれ、公開会社に限って、事業報告の記載事項として、①補償契約の相手方である役員等の氏名、②補償契約の内容の概要（補償契約によって役員等の職務の適正性が損なわれないようにするための措置を講じているときは、その措置の内容を含む）、③役員等に対して防御費用を補償した会社が、当該事業年度において、当該役員等の職務の執行に関し、当該役員等に責任があることまたは当該役員等が法令に違反したことが認められたことを知ったときは、その旨、ならびに、④当該事業年度において、会社が役員等に対して損害賠償金等の損失を補償したときは、その旨および補償した金額の開示が強制されるものと予想される。

●───3　役員等のために締結される保険契約にかかる改正

　(1)　改正前の状況　　取締役ら役員等が被る損害を填補する責任保険のうち、「保険契約者である株式会社と保険者である保険会社の契約により、被保険者とされている役員等の行為に起因して、保険期間中に被保険者に対して損害賠償請求がなされたことにより、被保険者が被る損害を填補する保険」は、一般に会社役員賠償責任保険（いわゆるD&O保険）と呼ばれる（D&O保険実務研究会5頁）。D&O保険の実務は、次のような経緯を経て今日に至っている。

　すなわち、D&O保険は、株主代表訴訟のハードルが下げられた平成5年の商法改正を受けて、取締役ら役員の責任追及の可能性が今後増加するとの懸念を背景に、同年に保険商品として認可され、上場会社を中心に広く普及している。保険契約の構造は、①普通保険約款により、取締役が会社以外の第三者に対して負う賠償責任およびその防御費用ならびに会社からの賠償請求に対し取締役が勝訴した事件の防御費用を填補し、②株主代表訴訟担保特約条項により、取締役が会社からの賠償請求に対し敗訴した場合の賠償責任および防御費用を填補するというものである。ただし、②の特約条項が付された場合であっても、なお免責条項により、取締役が私的利益を得たことに起因する賠償責任、犯罪行為に起因する賠償責任等は填補されないという契約が一般的である。したがって、②が填補するのは主として取締役の注意義務違反に起因する会社に対する賠償責任ということとなる。もっとも、株主代表訴訟担保特約条項の保険料相当額を会社負担とすることには異論がみられ、そのため平成28年以前は、これを取締役の個人負担としていた。ところが、コーポレートガバナンス・コード策定に伴う制度の見直しによって、平成28年以後は、取締役会の承認、および、社外取締役が過半数である任意の委員会の同意または社外取締役全員の同意を取得すれば、株主代表訴訟担保特約条項の保険料相当額も会社負担にできるものとなった（江頭491〜492頁）。

　このように、会社法にD&O保険にかかる規定を欠いたまま、実務は動いていたわけであるが、D&O保険契約の内容の決定は、会社の重要な業

務執行と考えられるし、その構造上、会社と取締役・執行役との間で利益が相反し、取締役らを過度に保護する内容の契約が締結されてしまうおそれもあった（会社法研究会・報告書22頁）。会社代表者が自己を被保険者とするD&O保険契約を保険会社との間で締結する行為は、会社法上の間接取引（356条1項3号）に該当すると解する余地があるからである。もっとも、前述した補償契約と同様に、D&O保険による填補の可能性が、優秀な人材の確保に資するとともに、取締役らの適切なリスクテイクを制度的に後押しすると前向きに評価することも可能であり、補償契約と比較して、[8)]保険会社という第三者が介在する分、保障内容の妥当性が一定程度担保されると評価することもできた。

　(2)　新設された役員等賠償責任保険契約　　以上の経緯から、改正においては、改正前の解釈上の疑義を払拭し、法的安定性を高めるため、D&O保険を念頭に置いて、会社法上、手続等に関する規律を新設することとした。

　ここにD&O保険は、会社法において、「役員等賠償責任保険契約」として定義されている（430条の3第1項）。すなわち、会社が、保険者との間で締結する保険契約のうち、役員等がその職務の執行に関し責任を負うことまたは当該責任の追及にかかる請求を受けることによって生ずることのある損害を保険者が填補することを約するものであって、役員等を被保険者とするもの（当該保険契約を締結することにより、被保険者である役員等の職務の執行の適正性が著しく損なわれるおそれがないものとして法務省令で定めるものを除く）がこれである。

　この定義によれば、新設されたD&O保険は、役員等がその職務の執行に関し、①責任を負うことによって生ずることのある損害と②当該責任の追及にかかる請求を受けることによって生ずることのある損害の両者を付保する保険ということになる。①は損害賠償責任による賠償金や和解金を、

---

8)　取締役らがその職務の執行に伴い損害賠償責任を負うことを過度におそれることにより、その職務の執行が萎縮することがないように取締役らに対して適切なインセンティブを付与するという意義がこれである（神田・解説〔IV〕11頁参照）。

②は防御費用を、それぞれ意味する。対会社責任にかかるもの、対第三者責任にかかるものを問わず、付保対象にするものがD&O保険として定義されており、従来のD&O保険をベースに適用対象が選定されたといえる。

　また、この定義によれば、役員等を被保険者とするものに限られる。中間試案の段階では、役員等を被保険者とするものに限られず、会社補償契約によって会社が負担した支出分を填補するもの（保険実務でいういわゆるサイドB）も、D&O保険に含める方向で提案されていた。もっとも、改正要綱の取りまとめの最終段階で、後者の会社補償契約によって会社が負担した支出分を填補するものは、D&O保険の定義から削除されることとなった。その理由は詳らかではないが、ひとつには、会社補償契約自体が前述したように会社法の規律に服することとなり、加えてD&O保険の規律の対象にもなることに重複感があること、またひとつには、会社補償契約により会社から支出されるであろう金銭の額がそれほど多額にのぼらないと予想されること、からの措置ではないかと推測される。

　さらに、前述した法務省令で定めるものは定義から除かれる。その例として、要綱案には、いわゆる生産物賠償責任保険（PL保険）、企業総合賠償責任保険（CGL保険）、自動車賠償責任保険、海外旅行保険等にかかる保険契約が掲げられていた。法制審の部会審議では、「法務省令においては、（ア）役員等のみならず株式会社も被保険者とする保険契約であって、株式会社が、その業務を行うに当たり、第三者に生じた損害を賠償する責任を負うことまたは当該責任の追及に係る請求を受けることによって株式会社に生ずることのある損害を填補することを主たる目的として締結される保険契約及び（イ）第三者に生じた損害を賠償する責任を負うこと又は当該責任の追及に係る請求を受けることによって役員等に生ずることのある損害（役員等が、その職務上の義務に違反し、又は職務を怠ったことによって第三者に生じた損害を賠償する責任を負うこと又は当該責任の追及に係る請求を受けることによって役員等に生ずることのある損害を除く。）を填補することを目的として締結される保険契約……といった規定を設けること」が想定されている旨の説明があったようである（神田・解説〔Ⅳ〕13頁）。

(3)　役員等賠償責任保険契約の締結にかかる手続　　改正においては、役員等賠償責任保険契約を締結するには、その内容の決定を株主総会（取締役会設置会社にあっては、取締役会）の決議によらなければならないものとする（430条の3第1項）。この趣旨は、前述した会社補償契約の場合と基本的に同様と考えられる。すなわち、役員等賠償責任保険契約は、役員等が本来は負担すべき費用等を会社が保険料を負担する保険契約により賄うという内容の契約であり、会社の利益を犠牲にして役員等に経済的利益が生ずるものであり、この面だけみると取締役や執行役の利益相反取引（間接取引）に含まれると考えられる余地がある。もっとも、そのように解してしまうと、会社法が定める利益相反取引にかかる規律が役員等賠償責任保険契約に関しても重ねて適用され、株主総会（取締役会設置会社にあっては、取締役会）の決議が要求されるのみならず、保険契約の締結に伴い、任務懈怠の推定規定（423条3項）が適用されてしまう。前述したように、役員等賠償責任保険契約にはメリットがあり、それゆえに一定範囲内でこれを許容すべく法定されるわけであるから、会社が役員等賠償責任保険契約の締結を尻込みしてしまうようなことは好ましいとはいえない。そのため、改正においては、重要な業務執行として現行法362条4項の規律の適用があると解する余地があるものの、慎重な審議を求めるという趣旨を明確にするため株主総会（取締役会設置会社にあっては、取締役会）の決議を要求し、これにあわせて356条等の規制を及ぼさない旨を定めた（430条の3第2項）。

　もっとも、会社代表者が自らを被保険者として役員等賠償責任保険契約を締結することは民法108条の禁止に抵触する可能性がある（本書第43章Ⅱ1参照）。その不都合を回避するため、取締役会等の決議によって承認された役員等賠償責任保険契約は、その締結が民法108条の禁止に抵触しない旨を明文で定められた（430条の3第3項）。

　ただし、利益相反的要素が完全に払拭されるわけでもないから、監査等委員会設置会社や指名委員会等設置会社において、役員等賠償責任保険契約の内容の決定は、（代表）取締役や執行役に意思決定を委任しうる要件

が整っている場合であっても、これらの者に決定を一任することは許されない（399条の13第5項13号、416条4項15号）。同様に、監査役（会）設置会社においても役員等賠償責任保険契約の内容の決定は、取締役会の専決事項であると解される[9]（365条1項）。

(4)　役員等賠償責任保険契約にかかる情報開示　　前述したように、役員等賠償責任保険契約には利益相反やモラル・ハザードの懸念があり、それは改正により新設された手続規制を受けたとしてもなお完全に払拭されるものではない。したがって、株主や株式市場に向けた情報開示によるチェックが要請される。もっとも、役員等賠償責任保険契約にかかる情報開示は、改正に至る作業の過程において、賛否の意見対立が顕著な項目の1つであった。とりわけ保険金額や保険料の開示が議論の焦点となった。これらの情報開示に反対する意見は、その開示はリスク情報の開示に近いため、市場にネガティブな影響を与えるおそれがあること、開示により濫訴や訴額または和解額のつり上げなどを誘発する懸念は否定することができないこと、などを理由として挙げていた。これに対して、報酬規制等と平仄を合わせるために、保険金額等についても開示が必要であるという意見や、保険金額等を開示することによる弊害が生ずるという懸念が妥当なものかという点について合理的な説明がされていないという意見があった（神田・解説〔Ⅳ〕14頁）。後者の見解が妥当のように思われるが、現時点では詳細は明らかではない。もっとも、反対意見が採用されたようであり、以下のように開示内容は絞り込まれたものとなろう。

すなわち、会社法施行規則が改正され、公開会社に限り、役員等賠償責任保険契約を締結しているときは、事業報告に次の情報を記載することが義務づけられるものと推測される。

①役員等賠償責任保険契約の被保険者

②役員等賠償責任保険契約の内容の概要（役員等による保険料の負担割

---

9)　取締役全員が役員等賠償責任保険契約の被保険者となることを想定すると、その内容の決定について特定の取締役のみが利害関係があるということにはならないものと解されるので、当該決議に369条2項は適用されない。

合、填補の対象とされる保険事故の概要および役員等賠償責任保険契約によって役員等の職務の適正性が損なわれないようにするための措置を講じているときは、その措置の内容を含む)

Ⅱ　社外取締役の活用等

社外取締役の設置は、平成26年のコーポレートガバナンス・コードの公表後、上場会社を中心に急速に広まり、現在では社外取締役を置かない上場会社はごく少数にとどまる状況になった。社外取締役の存在を前提に、人材をいかに確保するか、外国人や女性など人材の多様性をいかに実現するかなどが議論の焦点となりつつある。かつて日本の大企業の取締役といえば、メインバンク出身者などを除けばその大多数が従業員出身の社内取締役により構成されていたことを思い返せば、日本企業は大きな変化を経験したといえよう。とはいえ、現在においても、各社における社外取締役の比率はなお低い状況にあることには変わりはなく、取締役会のイニシアティブはなお社内取締役にあるといえる。

ところで、社外取締役に期待される役割については、第一義的には各社の自主的な取組みに委ねられるところ、経験を生かした専門的助言の提供に期待する、取締役会における審議や議決権の行使において一定の影響力を期待する、あるいは、業績の評価や指名・報酬の決定など取締役会の監督機能の発揮において主導的役割を期待するなど、自ずとバリエーションがある。どちらかといえば、最後の監督機能を期待する主張が強まりつつあるように思われる。

以上の現状を背景に、以下にみるように2点の改正が行われた。

●────1　社外取締役の設置義務づけ

(1)　改正前の状況　　前述したように(本書第42章Ⅰ(2)参照)、平成26年改正は、社外取締役選任の義務づけを見送った。

もっとも、平成26年改正法附則25条は、政府に対して、改正法の施行後2年を経過した場合に、社外取締役の選任状況を勘案し、企業統治にかか

る制度のあり方について検討を加え、必要があると認めるときは、その結果に基づいて、社外取締役を置くことの義務づけ等所要の措置を講ずることを求めた。したがって、社外取締役の設置義務づけの問題は片づいたとはいえない状況にあった。

　(2)　改正法の内容　　かような事情の下、賛否両論（会社法研究会・報告書29〜30頁）がある中で、改正審議を経て、327条の2は改正され、社外取締役の選任を義務づけることとした。すなわち、327条の2は、公開会社かつ大会社である監査役会設置会社のうち、その発行する株式について有価証券報告書の提出を義務づけられているものは、社外取締役を置かなければならない旨を定めた。その趣旨は、社外取締役を1人も置かない会社に対する内外の投資家の疑念を払拭し、日本の資本市場に対する信頼を維持することにあると説明されている（神田・解説〔Ⅴ〕10頁）。もしも社外取締役を設置しなければならない会社が社外取締役を置かないときは、過料の制裁の対象となる（976条19号の2）。

　なお、改正によって社外取締役の設置が義務づけられたわけであるが、解釈問題として、もしも社外取締役が欠けてしまった場合に、そのような状態のままで会社が取締役会決議を行なったとすると当該決議の効力のいかんが問われることとなる。諸説あろうが、遅滞なく社外取締役が選任されるならば、その間に取締役会を開催することができ、その取締役会の決議は有効と解してよいといい切れるのか疑問の余地がある。

●───2　業務執行の社外取締役への委託

　(1)　改正前の状況　　2条15号イは、改正後も従前の規律を維持し、「当該株式会社またはその子会社の業務執行取締役……若しくは執行役又は支配人その他の使用人（……）でな」いことを社外取締役の要件の1つとして規定している。ここに業務執行取締役は株式会社の363条1項各号に掲げる取締役（代表取締役およびその他の業務執行取締役）および当該株式会社の業務を執行したその他の取締役を指すとされているから、もしも取締役が「当該株式会社の業務を執行した」場合には、当該者はもはや社

外取締役の要件を満たさないと解釈される余地がある。「業務の執行」の意義については、伝統的に、会社事業に関する諸般の事務を処理することと広く解釈されてきたので、業務執行取締役等の定義においても「業務を執行した」の意義を広く捉えられる可能性があるからである（中間試案の補足説明第2部・第2・1(1)・54頁）。ただ、そうなると、近年のマネジメント・バイアウトのように社内の取締役に任せておくと会社や株主全体の利益が侵害されるおそれがある取引に関して、社外取締役に積極的な役割、たとえば特別委員会を設置してその委員として交渉や検討に活躍してほしいという期待があるにもかかわらず、会社法上「業務を執行した」に該当してしまい、その結果社外性を喪失する可能性も考えられた（会社法研究会・報告書30頁）。

　(2)　改正法の内容　　法制審の改正審議の過程においては、社外取締役に期待される役割の1つとして、マネジメント・バイアウト等、会社と業務執行者その他の利害関係者との利益相反が問題となる場面において、取引の公正さを担保する措置として、対象会社の社外取締役が、対象会社の独立委員会の委員として、CEOらから独立して交渉等の対外的行為を行うことが期待され、その想定の下、そのような委託を受けて実行したとしても、2条15号イの「当該株式会社の業務を執行した」にあたらないものとする方向で審議が進められた。換言すれば、取締役会の決議等に基づき、社外性の要件に抵触することなく一定の行為を行うことが可能である旨の、一種のセーフ・ハーバー・ルールを設けることが検討された。

　348条の2は、指名委員会等設置会社を除く会社が社外取締役を置いている場合において、当該会社と取締役との利益が相反する状況にあるとき、その他取締役が当該会社の業務を執行することにより株主の利益を損なうおそれがあるときは、当該会社は、その都度、取締役の決定（取締役会設置会社にあっては、取締役会の決議）によって、当該会社の業務を執行することを社外取締役に委託することができる旨を定め（同条1項）、そのようにして委託された業務の執行は、2条15号イに規定する株式会社の業務の執行に該当しないことが明定された（348条の2第3項）。ただし、社外

取締役が業務執行取締役の指揮命令の下に当該委託された業務を執行したときは、この限りでないものとされた（同項ただし書）。なお、指名委員会等設置会社においても、同趣旨により、所要の整備がなされた（348条の2第2項、3項）。

　社外取締役に対して業務執行の委託をする決議は、重要な業務執行であり、取締役会決議を要する。この点、監査等委員会設置会社や指名委員会等設置会社においては、取締役や執行役に委任することは、たとえ委任の要件を満たしたとしても、できない旨明定されている（399条の13第5項6号、416条4項6号）。監査役設置会社においても明文の定めはないが同様に解すべきである（362条4項）。

　このように改正においては、社外取締役の社外性の解釈に柔軟性を持たせるべく一種のセーフ・ハーバー・ルールを設ける形で改正前の規律に対して一定の修正を行った。その趣旨について、マネジメント・バイアウトのほか、キャッシュアウトや会社とその親会社との間の取引といった少数株主と支配株主との間の利害が対立するおそれがあるときにおいても、社外取締役が監督機能を発揮するため、その都度委託を受けて行為をする限り、「業務を執行した」にあたらないことを明確化し、社外取締役が萎縮することなく、その期待された機能を円滑に実現することができるようにしたと説明されている（神田・解説〔Ⅴ〕7頁）。

Ⅲ　論議されたが改正に至らなかった項目

　改正の審議の過程でいったん提案されながら、結局改正が見送られ、実現されなかった項目のうち、ガバナンスをめぐる重要な論点がある。具体的には、監査役（会）設置会社における取締役会の専決事項を法定する362条4項に関連する。

　中間試案は、362条4項の例外規定として、監査役会設置会社で取締役の過半数が社外取締役であることその他一定の要件を満たす場合には、その取締役会は、その決議によって、重要な業務執行（指名委員会等設置会社において、執行役に決定の委任をすることができないものとされている事項

を除く）の決定を取締役に委任することができるものとするという案（A案）を現状維持案（B案）と併記という形で、提案した（中間試案第2部・第2・2・15頁）。その背景には、①重要性の低いと思われる事項が取締役会の決議事項として上程されていること、②362条4項の存在が機動的な業務執行の妨げとなっていること、ならびに、③社外取締役が取締役会における個別の業務執行の決定に逐一関与しなければならないとすると、社外取締役に期待される役割の1つである業務執行者の監督に専念することが難しくなることなど、現行法の規律に対する様々な批判・指摘があったようである（中間試案の補足説明55頁以下参照）。

　A案に対し賛否両論（神田・解説〔V〕11～12頁参照）があり、改正を実現する方向で意見の集約が難しかったようであり、結局、審議の途中で改正項目から削除され、改正は見送りとなった。機動的な業務執行の決定や取締役会の監督機能の強化等の要請については、監査等委員会設置会社や指名委員会等設置会社に移行すれば済むと考えられるし、CEOなど業務執行者への権限集中に対して、取締役会の開催頻度の低下により、かえって業務執行に対する取締役会による監督や監査役による監査の機能が低下するおそれが考えられ、また、現行法の機関構成の特徴がぼやけてしまい、機関構成の選択肢が複雑化し、かえって投資家からみてわかりにくくなるという意見の方がむしろ説得力があるように思われる。いずれにせよ、さらに慎重な検討が求められるテーマであるといえよう。

第46章　社債の管理

I　社債管理者と社債権者保護

　社債管理者は、社債を合理的に管理して一般の社債権者を保護するために設置されるものである。社債は公衆に対する起債によって生じ、一般の投資者が社債権者となる場合が想定される。その場合には、一般投資家には社債を適切に管理するための専門知識が欠けるし、小口の社債権者であればわざわざコストを払ってまで社債の管理を行うインセンティブに欠けるうえに、発行者に対する力も弱い[1]。ここに社債権者保護の必要性がある。

　社債管理者には厳格な資格が定められており、銀行、信託会社、そのほか、これらに準ずるものとして法務省令（施行規170条）で定める者でなければならないとされている（703条）。そのうえで、会社法においては、社債権者を保護するために社債管理者を設置することが原則として求められている[2]。すなわち会社は、社債を発行する場合には、社債管理者を定め、社債権者のために、弁済の受領、債権の保全その他の社債の管理を行うことを委託しなければならないとされている（702条）。ただし、その例外として、各社債の金額が1億円以上である場合その他社債権者の保護に欠けるおそれがないものとして法務省令で定める場合は、この限りではない（同条ただし書）とされる。これを受けた法務省令（施行規169条）は、ある種類の社債の総額を当該種類の各社債の金額の最低額で除して得た数が50を下回る場合を挙げている。これらの場合においては、投資家は大口投資

---

1)　藤田・コンメ131頁。
2)　ただし、担保付社債については、同条によるのではなく、担保付社債信託法2条により、社債に担保を付そうとする場合には、担保の目的である財産を有する者と信託会社との間の信託契約に従わなければならないとされており、受託会社を定めなければならないことになる。

家として力があるか、または社債権者の数が少なく、社債権者集会で機動的な処理が可能であると考えられることから、社債管理者の設置が強制されないのである。このような例外規定が適用される場合を別として、社債管理者を置かないことは許されず、仮に社債管理者を置かずに社債を発行する場合には、取締役に過料の制裁が課される（976条33号）。

　しかしながら、現実には、わが国の株式会社が社債を募集により発行する場合には、社債管理者が定められないことがむしろ多いといわれてきた。これは、会社法上、社債管理者の権限は広く責任が重いこと、社債管理者を置くことによるコストは小さくないこと、厳格な資格要件もあり適任者といえる社債管理者をみつけることが難しいこと、等を理由として、多くの場合に上記会社法の例外規定を使って、社債管理者の設置を避けてきたといわれている。しかし、その結果として、社債管理者を定めることなく発行された社債について、債務不履行や、社債権者の損失が生じる事態も生じているとの指摘もみられてきたところである（以上の改正前の状況について、中間試案の補足説明第３部・１参照）。そこで、社債管理者以外で、社債の管理に関する最低限の事務を任せることのできる第三者の存在が望まれていたのである。[3]改正法では、社債権者のために社債の管理の補助を行うことを第三者に委託することができる旨を新たに定めた（714条の２）。

Ⅱ　社債管理補助者

●───1　社債管理補助者の設置

　改正法では、会社は、702条ただし書に規定する場合には、社債管理補

---

3)　なお、実務では、社債管理者を定めることを要しない社債を対象として、社債管理者よりも限定された権限と機能を有する社債管理機関（社債権者補佐人）を契約に基づいて設置する検討も進められてきていたが、このような契約のみによる方法では、総社債権者の代理人として破産手続等において債権の届出をすること、社債権者集会の招集を請求した社債権者の委託を受けて718条３項に基づく裁判所の許可の申立てをすること、裁判所に対して社債権者集会の決議の認可の申立てをすることなどの業務を社債権者補佐人が行うこと、が難しいとされ、立法による措置を講ずる必要性が指摘されていた。会社法研究会・報告書24頁。

助者を定め、社債権者のために、社債の管理の補助を行うことを委託することができると規定された（714条の2）。すなわち、ここでは社債管理補助者を置くことが認められているが、置くことのできる場合は限定されており、702条ただし書の定めている例外が適用されて社債管理者を置かない場合に限られているのである。なお、当該社債が担保付社債である場合には、担保付社債信託法2条により受託会社が定められることから、やはり社債管理補助者を置くことはできない（714条の2ただし書）。このように設置が限定されている意味は、社債管理補助者を設置できる場合を社債権者自らが社債を管理することが期待できる場合に限ろうとしたこと、にあるのである。換言すれば、社債権者が社債を自ら管理できない場合については、社債管理者または受託会社を定めることが要求されているのである。一方、「会社は……委託することができる」と規定されていることから、社債管理補助者を置くかどうかは社債発行会社の判断に任されていると解される。

●────2 社債管理補助者の資格

社債管理補助者には、償還金の受領や訴訟行為をすることが期待されていることから、社債管理補助者についても、社債管理者と同様の資格が定められている。すなわち、社債管理補助者は、703条各号に掲げる者その他法務省令で定める者でなければならないとされた（714条の3）。ただし、資格には、社債管理補助者の権限との関係も考慮する必要があろう。すなわち社債管理補助者は、社債管理者に比べると、裁量の幅が狭く設計されていることから、資格要件も社債管理者と同一にすることなく、これを緩和して、たとえば（破産手続等を考慮して）弁護士や弁護士法人にも認めるべきであるという意見が中間試案の段階ではみられていた（中間試案の補足説明第3部・1(2)）。そこで、その後の議論をふまえた結果、上記法務省令で定める者には弁護士や弁護士法人が想定されている（神田・解説〔Ⅵ〕8頁）。

●─── 3　社債管理補助者の義務

　会社法は、社債管理者について義務を定める規定をとくに置いている。すなわち社債権者のために、公平かつ誠実に社債の管理を行わなければならない義務と、社債権者に対し、善良な管理者の注意をもって社債の管理を行わなければならない義務である（704条）。これは、社債管理者には、社債権者保護が期待されているものの、社債管理者と社債権者との間には直接の法律関係はないことから、このような義務を会社法がとくに課しているのである[4]。そこで、社債管理補助者についても、社債の管理の補助にあたり義務を定める規定が準用されることになった（714条の7）。その結果、社債管理補助者は、社債権者のために、公平かつ誠実に社債の管理の補助を行わなければならないのであり、また社債管理補助者は、社債権者に対し、善良な管理者の注意をもって社債の管理の補助を行わなければならないのである。

　もっとも、前述したように、そもそも従来、社債管理者についてはその厳格な義務が嫌われたため、社債管理者のなり手をみつけにくかったという事情から、社債管理者を置かないで社債を発行する会社が多くみられていたことから考えると、ここで社債管理者と同一の義務を社債管理補助者にも定めるべきかどうか議論になろう。しかし、社債管理補助者が、委託者さらには社会一般からも信頼される存在となることが重要であり、このような義務を負わなくてよいという選択肢はとりにくかったのではないかと思われる[5]。また、同一の義務を法定したとしても、社債管理補助者は、

---

4)　会社法研究会・報告書25頁によれば、社債管理者による社債の管理と同様に、社債管理補助者による社債の管理の補助も第三者に社債の管理を委託するという方法であり、社債管理者の場合と同様に、社債管理補助者も当然には効率的な社債の管理の補助を行うインセンティブを有しているわけでなく、場合によっては社債権者の利益と反する行動をとるインセンティブを有する懸念があると指摘されていた。

5)　さらに、事前免除に関して、中間試案の補足説明第3部・1(3)ウでは、社債管理補助者については、社債管理者と同様に、当然に適切な社債の管理を行うインセンティブを有しているものでなく、社債発行会社および社債管理補助者となろうとする第三者が社債権者のために契約をするという構造上、社債発行会社および当該第三者の双方が当該第三者の義務は軽ければ軽いほど良いと考えるおそれもあることから、社債管理者と同様に、善意でかつ重大な過失がない善管注意義務違反に関して事前に免責することなどは認められないとしている。

裁量の余地の限定された権限のみを有する者であり、とくに委託契約の定めにより裁量の範囲をさらに限定することもできることからすれば、実際には社債管理者と比べて義務違反が問われる場合は限定的であると考えられるのである⁶⁾（神田・解説〔Ⅵ〕8頁）。

●────4　社債管理補助者の権限等

　社債管理補助者は、社債管理者を置かなくてよい会社において、社債の管理に関する最低限の事務を委託されることから、権限は制約的である。

　(1)　会社法は、まず社債管理補助者が当然に有する権限を列挙している（714条の4第1項）。これらは裁量の余地の限定された権限といえる。

　　①破産手続参加、再生手続参加または更生手続参加（1号）
　　②強制執行または担保権の実行の手続における配当要求（2号）
　　③債権者異議手続における異議申出の期間（499条1項）内に債権の申出をすること（3号）

　①では、「参加」という言葉が示すように、他人の申立てによって開始された破産手続等において破産債権者等として債権の届出を行うことを意味している。

　なお、社債にかかる債権の弁済を受けることは、ここでの権限から外されており、次に述べる(2)の権限と位置づけられている。もしも社債管理補助者が社債にかかる債権の弁済を受ける権限を当然に有するとしてしまうと、社債発行会社が社債管理補助者に支払をする時点で社債にかかる債権の弁済があったものとなってしまう。しかし、社債権者に対して実際に支払をする時点までは社債にかかる債権の弁済はないものとする方が、社債権者にとって有利な場合も想定される。そこで、債権の弁済を受ける権限

---

6)　また、神田教授によれば、社債管理者よりも裁量の余地の限定された権限のみを有し、社債権者による社債権者集会の決議等を通じた社債の管理が円滑に行われるように補助する者として、社債管理補助者を位置づけられるのであり、社債管理者と社債管理補助者に対する委託の趣旨は異なり、社債管理者であれば誠実義務違反とされる行為について、社債管理補助者がこれを行った場合に当然に誠実義務違反になるものではないと論じられている。神田・解説〔Ⅵ〕8頁。

は、ここでの社債管理補助者の権限から外し、委託契約の定めに任せたのである（中間試案の補足説明第3部・1(4)ア）。

(2) つぎに、委託にかかる契約（714条の2が規定する）に定める範囲内において、社債管理補助者が有することになる権限を列挙する（714条の4第2項）。これらの権限は、委託契約が定めるところの行使時期、行使条件、行使方法に従うことになる（中間試案の補足説明第3部・1(4)イ）。

①社債にかかる債権の弁済を受けること（1号）

②705条1項の行為（(1)の①から③までおよび上記①に掲げる行為を除く）（2号）

③706条1項各号に掲げる行為（3号）

④社債発行会社が社債の総額について期限の利益を喪失することとなる行為（4号）

②は、社債権者のために社債にかかる債権の弁済を受け、または社債にかかる債権の実現を保全するために必要な一切の裁判上または裁判外の行為をする権限を意味しており、③は、社債の全部についてするその支払の猶予、その債務もしくはその債務の不履行によって生じた責任の免除、または和解、社債の全部についてする訴訟行為または破産手続、再生手続、更生手続もしくは特別清算に関する手続に属する行為を意味している。したがって、①、②、③は、会社法の定める社債管理者の法定権限と一致する。一方、④は、社債管理者についても、法定されている当然の権限ではなく、委託契約の定めにより与えられる権限である（739条参照）。

なお、①の権限が社債管理補助者に与えられ、社債管理補助者が社債にかかる債権の弁済を受けた場合には、社債管理者が弁済を受けたときの規定が準用される（714条の4第5項）。すなわち、社債権者は、社債管理補助者に対し、社債の償還額および利息の支払を請求することができる（705条2項前段）。その際に社債券を発行する旨の定めがあるときは、社債権者は、社債券と引換えに当該償還額の支払を、利札と引換えに当該利息の支払を請求しなければならない（同項後段）。ここでの請求権は、これを行使することができる時から10年間行使しないときは、時効によって消

滅する（同条3項）。

　ところで、委託契約で定めれば、ここで列挙されていない権限も社債管理補助者に付与することができるのかが問題となるが、この規定は限定列挙ではなく、このほかの権限を契約で付与することも認められると解される[7]。

　(3)　さらに会社法では、(2)の委託契約で定められる権限であっても、社債権者集会の決議によらなければ、社債管理補助者は行為をしてはならないものとして、以下の@とⓑとが列挙されている（714条の4第3項）。

　　　@(2)の②の権限の中でも、社債の全部についてするその支払の請求
　　　　と、社債の全部にかかる債権に基づく強制執行、仮差押えまたは仮
　　　　処分、社債の全部についてする訴訟行為または破産手続、再生手続、
　　　　更生手続もしくは特別清算に関する手続に属する行為（1号）
　　　ⓑ(2)の③および④の行為（2号）

　すなわち、具体的には、社債の全部についてするその支払の猶予、その債務もしくはその債務の不履行によって生じた責任の免除または和解、社債の全部についてする訴訟行為または破産手続、再生手続、更生手続もしくは特別清算に関する手続に属する行為、および社債発行会社が社債の総額について期限の利益を喪失することとなる行為である。

　上記のうち、(2)の③は社債管理者についても、社債権者集会の決議に基づき行わなければならないとされている行為であるが（706条1項）、(2)の②と④は、社債管理者であれば社債権者集会決議が求められていない行為である。

　以上のように、一定の行為について社債権者集会の決議を要求している理由は、社債管理補助者の権限は、社債管理者の権限よりも裁量の余地が限定されており、社債管理補助者は自らが広い裁量をもって社債の管理を行うものではないと位置づけられたからである。そして、もしも仮に委託契約により社債管理補助者に広い裁量の権限を与えることを認めてしまえ

---

7)　もちろんここに列挙されている権限についても、委託契約の定め方次第である。神田・解説〔Ⅵ〕9頁。

ば、おのずから社債管理者との区別が曖昧となり、社債権者に不測の損害を与えるおそれが心配されたからである（中間試案の補足説明第3部・1(4)ウ）。そこで、社債管理者であれば社債権者集会決議を要する行為については、当然社債管理補助者が行う場合にも社債権者集会決議が求められるとしつつ、さらに社債管理者であれば社債権者集会決議を要しない行為であっても、性質上裁量の余地が限定されているとはいえない行為には、社債権者集会決議が求められているのである（神田・解説〔VI〕9～10頁）。

　なお、中間試案についての検討段階では、委託契約に定めれば、社債管理補助者は仮差押えや仮処分の行為を社債権者集会の決議によらずにすることができるようにすべきであるとの案も議論されたようである。しかし、仮差押えや仮処分をいつ行うべきかという判断は、その性質上裁量をもって行うものであるが、そもそも社債管理補助者の権限は社債管理者よりも裁量の余地の限定された権限のみとされ、かつその責任も社債管理者ほどの厳格な規定を設けないとしていることを理由に、このような案は採用されなかった[8]（中間試案の補足説明第3部・1(4)ウ）。

　ところで、社債管理者が706条1項各号の権限を行使する際には、社債権者集会の特別決議が要求されている（724条2項1号）。そこで、社債管理補助者が同様の権限（(2)の③）を行使する際に必要とされる社債権者集会の決議も特別決議、すなわち議決権者の議決権の総額の5分の1以上で、かつ、出席した議決権者の議決権の総額の3分の2以上の議決権を有する者の同意、がなければならないものとされている（724条2項、3項）。

　(4)　会社法は、社債管理補助者について社債の管理に関する事項を社債権者に報告等をする義務を課している。すなわち、社債管理補助者は、委託契約に従い、社債の管理に関する事項を社債権者に報告し、または社債権者がこれを知ることができるようにする措置をとらなければならないと

---

[8]　なお、社債権者が、仮差押えまたは仮処分をすべきであると判断する場合においては、常に社債権者集会を招集し、社債管理補助者を通じて社債のすべてについて仮差押えまたは仮処分をしなければならないものではなく、社債権者は自ら、その有する社債についてのみ仮差押えまたは仮処分をすることができる。神田・解説〔VI〕10頁。

規定されている（714条の4第4項）。このような規定が設けられたのは、社債管理補助者の中心的な職務として、発行会社と社債権者との間の情報伝達の仲介を位置づけるべきであるという指摘や、自己だけでは社債権者集会の招集請求ができない社債権者（718条1項により社債の総額の10分の1に満たない社債を有する社債権者のこと）であっても、社債管理補助者を通じて、他の社債権者に社債権者集会の開催の要否の意思確認をすることができるような仕組みが必要であるという指摘を受けたものである（中間試案の補足説明第3部・1(4)エ）。たしかに、社債管理補助者がその職務を円滑に行うためにもこのような報告は不可欠であろう。

　ただし、報告の方法等は、社債が記名社債であるか無記名社債であるかなどによっても、適切なものが異なりうるので、会社法で画一的な内容の義務を社債管理補助者に負わせることが相当ではないことから（神田・解説〔Ⅵ〕10頁）、報告等に関する具体的な義務内容については、会社法に規定することなく、それぞれの委託契約の定めに任せている。

●───5　特別代理人の選任

　707条では、社債権者と社債管理者との利益が相反する場合において、社債権者のために裁判上または裁判外の行為をする必要があるときは、裁判所は、社債権者集会の申立てにより、特別代理人を選任しなければならないと規定されている。社債管理補助者についても、これと同様な場面が想定される。そこで、社債権者と社債管理補助者との利益が相反する場合において、社債権者のために裁判上または裁判外の行為をする必要があるときは、裁判所は、社債権者集会の申立てにより、特別代理人を選任しなければならないと規定されている（714条の7、707条）。

●───6　社債管理補助者等の行為の方式

　708条では、社債管理者または707条の特別代理人が、社債権者のために裁判上または裁判外の行為をするときは、個別の社債権者を表示することを要しないと規定されている。これは民法においては、代理人がその権限

内において本人のためにすることを示してした意思表示は、本人に対して直接にその効力を生ずる（民99条）が、代理人が本人のためにすることを示さないでした意思表示は、自己のためにしたものとみなされる（民100条）。しかし、社債権者は多数に及びかつ常に変動する可能性があり、無記名社債の場合には、社債権者を確知することが困難であり、記名社債の場合にも、多数の社債権者をすべて表示することは煩雑であることから、個別の表示を不要としたものである。同じことは、社債管理補助者についてもあてはまる。そこで、社債管理補助者または5で述べた特別代理人が社債権者のために裁判上または裁判外の行為をするときは、個別の社債権者を表示することを要しないとされている[9]（714条の7、708条）（中間試案の補足説明第3部・1(6)）。

●───7　2以上の社債管理補助者がある場合の特則

　2以上の社債管理者がある場合について、709条1項は、これらの者が共同してその権限に属する行為をしなければならないとしている。しかし、社債管理補助者については、2以上の社債管理補助者があるとき、社債管理補助者は、各自、その権限に属する行為をしなければならないものと規定されている（714条の5第1項）。ここで社債管理者と社債管理補助者とで、両者の規定内容が異なっているのは、社債管理補助者は、裁量の余地が限定された権限を有するだけで、他の社債管理補助者と共同して権限行使をする実益が少なく、むしろ円滑に職務を行わせるためには、それぞれが権限行使することが望まれるからである（中間試案の補足説明第3部・1(7)）。

　各社債管理補助者がそれぞれ権限行使をするというのであれば、社債管理者のように「連帯して」義務や責任を負う（709条2項、710条1項）ことは不適切のようにも思われる。しかし、改正法は社債権者を保護することを意図して、社債管理補助者が社債権者に生じた損害を賠償する責任を

---

9)　もちろん社債管理補助者は、商行為の代理人ではないので、ここは商法504条が適用される場面ではない。

負う場合において、他の社債管理補助者も当該損害を賠償する責任を負うときは、これらの者は、連帯債務者とする旨を規定する（714条の5第2項）。

●───── 8　社債管理補助者の責任

　710条1項は、「社債管理者は、この法律又は社債権者集会の決議に違反する行為をしたときは、社債権者に対し、連帯して、これによって生じた損害を賠償する責任を負う。」と規定している。社債管理補助者についても、責任は、社債管理者と同様に負わせることが適切であるように思われる。そこで、改正法は、7で述べたように、2以上の社債管理補助者がある場合には特則があることを前提に、社債管理補助者は、この法律または社債権者集会の決議に違反する行為をしたときは、社債権者に対し、これによって生じた損害を賠償する責任を負う旨を規定している（714条の7、710条1項）。

　もっとも、710条2項は社債管理者の責任に関して、社債発行会社が社債の償還もしくは利息の支払を怠り、もしくは社債発行会社について支払の停止があった後またはその前3か月以内に、一定の利益相反行為をしたときは、社債権者に対し、損害を賠償する責任を負う旨を規定する。この点に関して、中間試案の段階では、同旨のことを社債管理補助者についても規定するべきかどうか議論があったようである[10]。しかし、そもそも社債管理補助者を設置するのは、社債管理者を置かない場合に限られている。また、社債管理補助者の有する権限は社債管理者よりも裁量の余地の限定された権限だけであり、社債権者による社債権者集会の決議等を通じた社債の管理が円滑に行われるように補助する者と位置づけられている。以上のことから考えて、社債管理補助者については、710条2項と同様の規定

---

10)　会社法研究会・報告書26頁では、新たな管理機関の権限の内容が社債管理者の権限の内容より限定されたものとなったとしても、契約によって新たな管理機関に付与された個別具体的な権限の内容によっては、利益相反のおそれや誠実義務違反のおそれがあることは直ちには否定することができないとの意見も記載されていた。

を設ける必要はないという意見が示され（中間試案の補足説明第３部・１
(8)イおよび神田・解説〔Ⅵ〕10頁参照）、改正法において、社債管理補助者
について、このような規定は設けられなかった（714条の７では710条２項が
準用されていない）。

●───9　社債管理者等との関係

　社債管理補助者を設置するのは、702条のただし書に基づき社債管理者
を置かない場合であって、かつ担保付社債信託法２条の定める信託契約に
もとづく受託会社を設置しない場合に限られている。そこで、もしも、702
条の規定による社債管理者への委託にかかる契約または担保付社債信託法
２条１項に規定する信託契約の効力が生じた場合については、社債管理補
助者を置くことができないこととなる。そこで、そのような場合には、社
債管理補助者との委託にかかる契約は、終了したものとされる（714条の
６）。

●───10　社債管理補助者の辞任

　社債管理補助者の辞任については、社債管理者の辞任とは異なる規定が
置かれている。

　すなわち、社債管理者について、711条１項では、社債発行会社および
社債権者集会の同意を得て辞任することができるが、他に社債管理者がな
いときは、当該社債管理者は、あらかじめ、事務を承継する社債管理者を
定めなければならないとされている。これに対して、社債管理補助者につ
いては、社債発行会社および社債権者集会の同意を得て辞任することがで
きるものとし、当該社債管理補助者は、他に社債管理補助者がいても、あ
らかじめ事務を承継する社債管理補助者を定めなければならないと規定す
る（714条の７）。このような差異がみられるのは、２以上の社債管理補助
者がある場合、社債管理補助者は、各自、その権限に属する行為をしなけ
ればならないものと規定されている（714条の５第１項）ことから、辞任し
た場合には他に社債管理補助者がいようがいまいが、あらかじめ、事務を

承継する社債管理補助者を定めなければならないとしているからである。

　以上のほか、社債管理補助者は、委託契約に定めた事由があるとき、または、やむを得ない事由がある場合で裁判所の許可を得たとき、辞任することができるとされており（714条の7、711条2項、3項）。これは社債管理者の場合と同様である。

●───── 11　社債管理補助者の解任

　社債管理補助者の解任については、社債管理者の規定が準用されている（714条の7、713条）。すなわち、裁判所は、社債管理補助者がその義務に違反したとき、その事務処理に不適任であるとき、その他正当な理由があるときは、社債発行会社または社債権者集会の申立てにより、当該社債管理補助者を解任することができる。

●───── 12　社債管理補助者の事務の承継

　社債管理補助者の事務の承継についても、社債管理者の規定が準用されている[11]（714条の7、714条）。すなわち、社債管理補助者が、①2で述べた社債管理補助者の資格（714条の3）を失ったとき、②10で述べた辞任したとき、③11で述べた解任されたとき、④死亡し、または解散したとき、のいずれかに該当することとなった場合には、事務の承継の必要が生じる。この場合、社債発行会社は、他に社債管理補助者がいても、事務を承継する社債管理補助者を定め、社債権者のために、社債の管理の補助を行うことを委託しなければならないとされている。また、この場合、社債発行会社は、社債権者集会の同意を得るため、遅滞なく、これを招集し、かつ、その同意を得ることができなかったときは、その同意に代わる裁判所の許

11）　ただし、社債管理者については、714条1項各号に該当する場合に、他に社債管理者がないときに限り、社債発行会社は、事務を承継する社債管理者を定め、社債権者のために、社債の管理を行うことを委託しなければならないとされている（同項）。これに対して、社債管理補助者の場合には、他に社債管理補助者がいようがいまいが、事務を承継する社債管理補助者を定めなければならない。これは、社債管理補助者は各自その権限に属する行為を行使するからである。

可の申立てをしなければならないのである。

そのほかにも、社債管理者の事務の承継に関する規定（714条2項、3項、4項）は社債管理補助者に準用されている（714条の7）。

●───13 社債権者集会の招集

すでに述べたように、改正法では社債管理補助者を、社債管理者よりも裁量の余地の限定された権限だけを有し、社債権者による社債権者集会の決議等を通じた社債の管理が円滑に行われるように補助する者、と性格づけている。このため、社債権者集会の招集という場面においても、社債管理者の場合（717条2項参照）と同様に規定することは適切ではないということになった。そこで、改正法は、社債管理補助者が社債権者集会を招集することができる場合として、次の2つの場合のみを列挙する。これは、たとえとくに委託契約で定めた場合であっても、その例外として、社債管理補助者により社債権者集会を招集することを認めることはしない趣旨であると解される。

社債管理補助者が招集できる場合の第1は、社債権者による招集請求がある場合である（717条3項1号）。改正以前においては、ある種類の社債の総額の10分の1以上にあたる社債を有する社債権者は、社債発行会社または社債管理者に対し、社債権者集会の目的である事項および招集の理由を示して、社債権者集会の招集を請求することができると定められていた（旧718条1項）。改正法は、さらに、この要件を満たす社債権者は、社債管理補助者に対しても、社債権者集会の目的である事項および招集の理由を示して、社債権者集会の招集を請求することができる旨を定めた（718条1項）。そこで、この場合には社債管理補助者により社債権者集会が招集される。

社債管理補助者が招集できる場合の第2は、**10**で述べた社債管理補助者の辞任の場合である。すなわち社債管理補助者は、社債発行会社および社債権者集会の同意を得て辞任することができるが（714条の7、711条1項）、この同意を得るために、社債管理補助者は、社債権者集会を招集すること

ができる（717条3項2号）。

　これらの場合には、社債権者集会が社債管理補助者によって招集されることから、社債管理補助者が招集者となり、裁判所に決議の認可の申立てをしなければならない（732条）こととなる（中間試案の補足説明第3部・1(10)ア）。

　また、改正法は、社債管理補助者がある場合における社債権者集会の決議の執行について定めている（737条）。すなわち、社債管理補助者の権限に属する行為を可決する旨の社債権者集会の決議があったときは、原則として社債管理補助者が執行するものと定める（同条1項2号）。もっとも、社債権者集会の決議によって別に社債権者集会の決議を執行する者を定めたときは、その例外となる（同項ただし書）。もちろん社債管理補助者の権限に属さない行為については、社債権者集会の決議を執行する義務は社債管理補助者にない。

　上記のほか、社債権者集会の招集に関連して、社債管理補助者についても社債管理者と同様に規定されている。すなわち、社債管理補助者にも社債権者集会の招集の通知が発せられなければならない（720条1項）。社債管理補助者は、その代表者もしくは代理人を社債権者集会に出席させ、または書面により意見を述べることができる（729条1項）。社債管理補助者は、社債権者集会の議事録の閲覧等の請求ができる（731条3項）。社債管理補助者に債権者異議手続における催告に関する特則規定が適用され、各別の通知を受ける（740条3項）。社債管理補助者の報酬や費用等を裁判所の許可を得て、社債発行会社の負担とすることができる（741条）。

● —— 14　募集事項等

　会社法では、会社は、その発行する社債を引き受ける者の募集をしようとするときは、その都度、募集社債について、募集社債の総額、各募集社債の金額、募集社債の利率といった社債に関する重要事項を募集事項として定めなければならないとされている（676条）。ただし、ここでは社債管理者を設置することは募集事項とされていなかった。

　改正法では、新たに社債管理補助者の制度ができたことから、次に掲げる事項も、重要事項として募集事項に含めるものとした。①社債管理者を定めないこととするときは、その旨（676条7号の2）、および②社債管理補助者を定めることとするときは、その旨である（同条8号の2）。ここで、中間試案にはなかった①が追加された点については、以下のように説明されている。すなわち、社債管理補助者制度の新設に伴い、社債管理者を定めることを要しない場合においては、社債管理者と社債管理補助者のいずれかを任意に定めることができるものとなるため、両者が混同される懸念があり、社債管理補助者を定めることとする場合には、社債管理者を定めないこととする旨、および社債管理補助者を定めることとする旨の双方を募集事項として定めなければならないものとし、これらを、申込みをしようとする者に対して通知しなければならないものとすることが相当であると考えられたのである（神田・解説〔Ⅵ〕11頁）。

　改正法が募集事項として具体的に挙げているのはこれだけであるが、このほか、社債管理補助者の権限や社債権者への報告義務等について委託契約に定められた内容も重要な事項といえる。そこで、676条12号では前各号に掲げるもののほか、法務省令で定める事項も募集事項とされており、これを受けた会社法施行規則162条では、1による委託にかかる契約に関する事項を追加することが予定されている。

　また、681条では、会社は、社債を発行した日以後遅滞なく、社債原簿を作成し、これに社債原簿記載事項を記載し、または記録しなければならないとされている。そして同条1号では、記載事項として、676条3号から8号の2までに掲げる事項その他の社債の内容を特定するものとして法務省令で定める事項（社債の種類）を挙げている。改正前にあっては、会社法施行規則165条8号において、社債管理者を定めたときは、その名称および住所ならびに702条の規定による委託にかかる契約の内容が挙げられていた。そこでこれとの対比から、法務省令において、社債管理補助者を定めたときは、社債管理補助者に関する事項が社債原簿記載事項として挙げられることが予定されている[12]。

Ⅲ 社債権者集会

●───1 元利金の減免

　会社法では、一定の列挙する行為について、社債管理者は、社債権者集会の決議によらなければ行ってはならない旨を定めている（706条1項）。改正法では、ここに列挙される行為として、当該社債の全部についてする「その債務」の免除を追加している（同項1号）。そもそも改正前にあっては、社債権者集会によって社債の全部についてする債務の免除を決議できるかどうか争いがあった。しかし、ほとんどの学説は同項に列挙されている「和解」（同項1号）に含まれるとしてこれを認めてきたところであり[13]（江頭823頁）、法的安定性の見地からこれを明文化したもの（中間試案の補足説明第3部・2(1)）と評価できる。この場合の社債権者集会決議には、特別決議が求められる（724条2項1号）。

　もっともこれに対して、中間試案の段階では、このような決議という集団的な意思決定によって社債権者の利益が損なわれてしまうのではないかというおそれから、その旨を社債発行契約に定めていた場合に限り、元利金の免除決議を認めるべきであるとの議論があったようである。しかしこれに対しては、社債権者集会の決議の効力を生じさせるには裁判所の認可が必要であり（734条1項）、また著しく不公正なときや社債権者の一般の利益に反するときは、裁判所は認可ができないことから（733条）、そのような危険性はないことが指摘されていた（中間試案の補足説明第3部・2(1)）。また、この場合について、現行法上償還期限の延長など、他の行為については社債発行契約の内容にその可否を委ねるものとしていないこと

---

12)　社債管理補助者を定めた場合には、社債、株式等の振替に関する法律で、銘柄公示情報（同69条1項7号および87条1項、社債、株式等の振替に関する命令3条各号）等について、所要の規定の整備が予定されている。要綱案第3部・第1・1(14)(注2)。これは、社債管理補助者を置いた場合においては、振替社債について振替機関が投資者にそれを知らせる必要があるからである。

13)　一方、会社法研究会・報告書26頁には、和解の要件である「互譲」があるということができるかが不明確であるという意見もみられた。

や、現行法上の解釈との整合性も考慮されたようである（神田・解説〔Ⅵ〕11頁）。

●───2　社債権者集会の決議の省略

　上記のように、706条では、一定の行為について社債権者集会決議を要求しているが、これは強行規定であるから、たとえ社債権者の全員が同意していても、決議なしには行為ができないと解することができる。しかし、一方で、社債権者の全員が同意している場合には、社債権者集会決議がなくても、社債発行契約の中身を変えることはできると解されている。この2つの考え方は整合的でないとの批判の余地もあった。そこで、改正法は、社債権者の全員の同意を社債権者集会決議に代替させることができる場合を認めることで、これらを調和させている。

　すなわち、①社債発行会社、社債管理者、または社債権者が社債権者集会の目的である事項について提案した場合、および②社債管理補助者がその辞任について社債権者集会による同意の提案をした場合、という2つの場合において、議決権者（724条1項により議決権を行使することができる社債権者のこと）の全員が書面または電磁的記録により同意の意思表示をしたときは、当該提案を可決する旨の社債権者集会の決議があったものとみなすものとしている（735条の2第1項）。

　しかも、ここで社債権者集会の決議があったものとみなされた場合には、裁判所の認可は必要ではないとされている（735条の2第4項）。これは、議決権者の全員が同意しているので社債権者の保護に欠けることはないと考えられるからである[14]（中間試案の補足説明第3部・2(2)イ）。その結果、議決権者の全員同意をもって即社債権者集会決議に代替されることとなる[15]。

---

14)　ただし、会社法研究会・報告書27頁には、裁判所による認可を不要とする場合には、社債権者集会の決議を株主総会の決議と同様に事後的に争うことができる規律とせざるを得ず、法的安定性を害することから批判的意見もみられていた。

15)　ただし、社債権者の同意等に瑕疵がある場合には、社債権者集会の決議があったものとはみなされず、訴えの利益を有する者は、いつでもそのことを主張することができる。神田・解説〔Ⅵ〕12頁。

　もっとも、社債権者集会の決議は、当該種類の社債を有するすべての社債権者に対してその効力を有するとする規定（734条2項）の適用は排除されないとしている（735条の2第4項かっこ書）。たとえば、社債発行会社は、その有する自己の社債については、議決権を有しないが（723条2項）、このような議決権を行使することのできない社債権者に対してであっても、上記のみなし決議は効力を有するとされるのである（中間試案の補足説明第3部・2(2)イ）。

　なお、改正法ではこのほか、社債権者が同意した書面および電磁的記録について、その備置きや閲覧等を定める規定が整備された（735条の2第2項、3項）。後に同意について争いが生じる可能性もあるからであろう。

　ところで、株主総会では、決議の省略（319条）のほか、株主全員が同意すれば招集手続を省略することができるが（300条）、社債権者集会においてはこれを認めることはできないであろうか。株主総会に関する規律でも、書面または電磁的方法による議決権の行使をすることができる場合には招集手続の省略が認められていないが（同条ただし書）、社債権者集会においては常に書面による議決権の行使をすることができることとされているので（721条1項）、法の整合性から社債権者集会について招集手続を省略することを認めることは相当でないと考えられることから、これを否定すべきである（会社法研究会・報告書26頁）。

第47章 株式交付制度

I 改正前の状況

　M&Aを行う手法は金銭を対価とする場合と株式を対価とする場合の2つに大別できる。このうち金銭対価のM&Aを行う場合、平成17年会社法制定や平成26年改正を経て、会社法上、吸収型の組織再編や事業譲渡を選択できるほか、全部取得条項付種類株式や特別支配株主による株式売渡請求などの規定を利用したキャッシュアウトを行うことも可能であり、手段が多様化している。

　一方、株式対価のM&Aの場合には、会社法上、組織再編あるいは事業譲渡を選択して行うことが可能である。もっとも、被買収会社との間で親子会社関係を創設するM&Aを行おうとすれば、株式交換を使うと完全親子会社関係を創設するほかなく、たとえば議決権の51%にとどまる親子会社関係を創設しようとすれば、会社間取引ではなく個別の株式取引の形式を利用せざるを得ない。この点では金銭対価のM&Aであっても、議決権の51%にとどまる親子会社関係を創設しようとすれば、個別の株式取引の形式を利用せざるを得ないことは同様ではある。ただ、株式対価のM&Aの場合は、金銭対価のM&Aとは異なり、株式の発行者である買収会社は、被買収会社の株式を現物出資財産として株式の募集をする必要があり、したがって現物出資規制の適用を受けて原則として検査役の検査を要することとなり（207条）、時間と費用がかかる。そのほか、場合によっては買収会社に有利発行規制の適用（199条3項）、または被買収会社の株主や買収会社の取締役らには財産価額填補責任の適用（212条1項2号、213条）もあり得た。したがって、株式対価のM&Aを円滑に実現するには支障が生じかねなかった（中間試案の補足説明第3部・第2・67頁）。

Ⅱ　株式交付制度の創設

●───1　定義

　改正においては、株式対価の M&A に伴う改正前の課題に対処するため、199条 1 項の募集によらずに、買収会社株式を被買収会社の株主に対して交付することができる制度として、第 5 編に第 4 章の 2 として、株式交付制度を新設した。ここに株式交付とは、株式会社が他の株式会社をその子会社（法務省令で定めるものに限る）とするために当該他の株式会社の株式を譲り受け、当該株式の譲渡人に対してその対価として当該株式会社の株式を交付することをいう（2 条32号の 2 ）。株式交付をする株式会社を株式交付親会社と、株式交付親会社が株式交付に際して譲り受ける株式を発行する株式会社を株式交付子会社という（774条の 3 第 1 項 1 号）。これに対して持分会社は、実際のニーズがないと判断されたのか、株式交付制度類似の制度を利用して親会社になることはできない。なお、株式会社であっても、清算会社になると株式交付親会社になることはできない（改正後の509条 1 項 3 号）。

　株式交付制度は、 2 つの性質を併せもつ制度である。すなわち、一方で、株式交付親会社は株式交付子会社との間に直接の契約関係を結ぶわけではなく、株式交付子会社の株主との間の合意に基づき、株式交付子会社の株式を譲り受けるという法律構成が採用されている。その意味で、株式交付親会社と株式交付子会社の株主との間の個別株式取引の形式をとる。株式交付は、明文の規定はないが、199条 1 項の募集に伴う諸規定の適用を免れる。もっとも、場合により、株式交付親会社の株式の募集として金融商品取引法上の発行開示規制の適用対象となり、また株式交付子会社の株式に対する買付けとして同法上の公開買付規制の適用対象となることがあり、さらに、株式交付により譲り受ける株式交付子会社の株式が譲渡制限株式である場合には、子会社において会社法上の譲渡等承認手続（137条 1 項）を要することとなる[1]（神田・解説〔Ⅶ〕 5 ～ 6 頁）。

---

1)　株式交換の場合のみなし承認規定（769条 2 項）は、株式交付には用意されていない。

　もっとも、株式交付制度は、株式交付を通じて親子会社関係が創設される点に注目するならば、組織再編行為としての性質を帯びるといえる[2]。したがって、後述するように、株式交付親会社の株主および債権者の保護が必要であり、そのため株式交換と並んで第5編に規定が置かれたのである。

　なお、株式交付は、平成26年改正で創設された特別支配株主の株式等売渡請求制度（179条以下）とは異なり、株式交付子会社となる会社の取締役の承認を要しない制度設計となっているため、いわゆる敵対的なM&Aにおいて利用することも可能である。

　改正により新設された2条32号の2によれば、株式交付を利用して株式会社間に親子会社関係を創設するには、その「子会社」は法務省令で定めるものに限られる。子会社となるには、2条3号、会社法施行規則3条1項に規定する「会社が他の会社等の財務及び事業の方針の決定を支配している場合における当該他の会社等」にあたらなければならないが、これに該当するすべての場合を包含するわけではなさそうである。現時点で詳細は明らかではない。もっとも、議決権の過半数基準という形式基準を満たす場合（施行規則3条3項1号に掲げる場合）に限られるものと予想されている。いわゆる実質基準でみれば子会社にあたるといえる場合であってもそれだけでは足りず、形式基準を満たすことを要するのである（同項2号、3号参照）。この点に関しては、中間試案のパブリックコメントにおいて異論もあったようであるが、結局、形式基準を満たす子会社に限定されそうである[3]。要するに、制度の柔軟性よりも基準の客観性・明確性や法的安定性が重視されたと考えられる。

---

2)　神田・解説〔Ⅶ〕5頁は、株式交付は、制度の建付けとして、会社法施行規則3条3項1号が掲げる場合に該当する親子会社関係がなかった株式交付会社と株式交付子会社との間に親子会社関係が創設されるという点において、いわば部分的な株式交換として、株式交換のような組織法上の行為と同様の性質を有すると考えられるという理解を基礎としているとする。

3)　その理由は、株式交付は、その制度趣旨から、株式交付子会社が株式交付親会社の子会社となる場合にその効力が生ずるものとすることを想定しているが、株式交付手続外の事項や株式交付の効力発生日に客観的かつ形式的な基準により判断することができない事項によって株式交付の効力が生ずるか否かが左右されると、利害関係者が不安定な地位に置かれる事

　また、すでに子会社である会社の株式を追加で取得する場合にも株式交付制度の適用を認めるかどうかについても、中間試案のパブリックコメントにおいて異論もあったようであるが、この場合は親子会社関係を創設するという要素に欠け、特例を認めることは制度趣旨に照らして困難であるとして、適用を否定された（神田・解説〔Ⅶ〕7頁）。したがって、たとえば、甲社の株式のうち、すでに持株割合が40％である乙社が甲社株の持株割合を過半数の51％に増やす場合には、株式交付制度を利用して、乙社株を対価として、甲社の他の株主から甲社株を譲り受けることはできるが、持株割合を51％から70％に増やす場合には、株式交付制度を利用することはできず、乙社株を対価とする限り、199条の募集株式の規律の適用を免れることはできないこととなる。

●―――2　株式交付計画の作成

　株式会社は、株式交付をすることができる。この場合においては、株式交付計画を作成しなければならない（774条の2）。株式交付は、前述したように、株式交付親会社と株式交付子会社の株主との間の株式譲渡行為であって、株式交付の親会社・子会社の間に組織法上の行為が行われるわけではない。したがって、株式交付計画は株式交付親会社となる会社のみが作成義務を負う。ここに「計画」という用語が使用された理由は、従来の用語法にならって、親会社となる会社が単独で作成するからである（762条1項、772条1項参照）。なお、株式交付計画の内容については後述する。

　株式交付計画の作成義務を負うものは、直接株式交付親会社となる会社である。たとえば、A社の子会社であるB社が株式交付制度を利用して

　態が生ずることも懸念され、法的安定性の観点から妥当でないと考えられたことによると説明されている（神田・解説〔Ⅶ〕7頁）。同様の理由により、持分会社を子会社とする場合に株式交付制度の適用を認めることには問題があり、したがって株式交付子会社となる会社は株式会社に限定されているとする。さらに、中間試案では日本の会社に限らず、株式会社と同種の外国会社を子会社とする場合にも株式交付制度の適用を認める旨の提案がされていたが、外国会社の性質はその類型ごとに千差万別であって客観的かつ形式的な基準により株式交付の可否を判断することは容易ではないとして、改正では株式交付によって子会社となるものは日本法を準拠法とする株式会社に限定され、外国会社は除外された。

C社を子会社とする場合、株式交付の効力発生後、B社がC社の親会社となるのみならず、A社もC社の親会社となりうる（施行規3条3項1号かっこ書参照）。しかしここで、199条の募集の適用を除外する特例を認めるという制度の趣旨に照らして、特例を認められる対象者は株式交付親会社となるB社であって、A社ではない。

　また、P社とQ社が共同でR社株を譲り受ける場合、たとえばP社がR社株の持株割合を51％に増し、Q社がR社株の持株割合を29％に増やすことを計画する場合に、同様に制度趣旨に照らして、株式交付親会社となる会社はP社のみである（株式交付制度を利用できるのはP社のみである）。一方で、P・Q両社共有名義でR社株を譲り受けてR社株の持株割合を51％に増やそうとする場合には、計画の実現後P・Q両社がR社株を共有しR社の親会社となったといえるが、前述した199条の募集の適用を除外する特例を認めるという制度の趣旨に照らして、特例を認められる対象者は明確でなければならず、このような共同親会社となる株式譲受け行為に株式交付制度を利用することは想定されていないと考えられる。

　なお、1本の株式交付計画により、同時に複数の株式会社を子会社化することは妨げられないと考えられる。

Ⅲ　株式交付計画の内容

●———1　株式交付計画の記載事項

　株式交付親会社が作成すべき株式交付計画の内容について、以下の事項の記載が強制される（絶対的記載事項、774条の3第1項各号）。

　　①株式交付子会社の商号および住所（1号）

　　②株式交付親会社が株式交付に際して譲り受ける株式交付子会社の株式の数（株式交付子会社が種類株式発行会社である場合にあっては、株式の種類および種類ごとの数）の下限（2号）

　　③株式交付親会社が株式交付に際して株式交付子会社の株式の譲渡人に対して当該株式の対価として交付[4]する株式交付親会社の株式の数（種類株式発行会社にあっては、株式の種類および種類ごとの数）また

はその数の算定方法ならびに当該株式交付親会社の資本金および準
備金の額に関する事項（3号）

④株式交付子会社の株式の譲渡人に対する③の株式交付親会社の株式
の割当てに関する事項（4号）

⑤株式交付親会社が株式交付に際して株式交付子会社の株式の譲渡人
に対して当該株式の対価として金銭等（株式交付親会社の株式を除く。
以下(イ)～(ニ)および⑥において同じ）を交付するときは、当該金銭等に
ついての次に掲げる事項（5号）

　(イ)当該金銭等が株式交付親会社の社債（新株予約権付社債についての
　　ものを除く）であるときは、当該社債の種類および種類ごとの各
　　社債の金額の合計額またはその算定方法

　(ロ)当該金銭等が株式交付親会社の新株予約権（新株予約権付社債に
　　付されたものを除く）であるときは、当該新株予約権の内容およ
　　び数またはその算定方法

　(ハ)当該金銭等が株式交付親会社の新株予約権付社債であるときは、
　　当該新株予約権付社債についての(イ)に規定する事項および当該新
　　株予約権付社債に付された新株予約権についての(ロ)に規定する事
　　項

　(ニ)当該金銭等が株式交付親会社の社債および新株予約権以外の財産
　　であるときは、当該財産の内容および数もしくは額またはこれら
　　の算定方法

⑥⑤の場合には、株式交付子会社の株式の譲渡人に対する⑤の金銭
等の割当てに関する事項（6号）

⑦株式交付親会社が株式交付に際して株式交付子会社の株式と併せて
株式交付子会社の新株予約権（新株予約権付社債に付されたものを除
く）または新株予約権付社債を譲り受けるときは、当該新株予約権

---

4)　「交付」という文言が使われているので、新株を発行するだけでなく、自己株式を給付す
ることも許される。

等の内容および数またはその算定方法（7号）

⑧　⑦に規定する場合において、株式交付親会社が株式交付に際して株式交付子会社の新株予約権等の譲渡人に対して当該新株予約権等の対価として金銭等を交付するときは、当該金銭等についての次に掲げる事項（8号）

　㈤当該金銭等が株式交付親会社の株式であるときは、当該株式の数（種類株式発行会社にあっては、株式の種類および種類ごとの数）またはその数の算定方法ならびに当該株式交付親会社の資本金および準備金の額に関する事項

　㈥当該金銭等が株式交付親会社の社債（新株予約権付社債についてのものを除く）であるときは、当該社債の種類および種類ごとの各社債の金額の合計額またはその算定方法

　㈦当該金銭等が株式交付親会社の新株予約権（新株予約権付社債に付されたものを除く）であるときは、当該新株予約権の内容および数またはその算定方法

　㈤当該金銭等が株式交付親会社の新株予約権付社債であるときは、当該新株予約権付社債についての㈥に規定する事項および当該新株予約権付社債に付された新株予約権についての㈦に規定する事項

　㈤当該金銭等が株式交付親会社の株式等以外の財産であるときは、当該財産の内容および数もしくは額またはこれらの算定方法

⑨　⑧に規定する場合には、株式交付子会社の新株予約権等の譲渡人に対する⑧の金銭等の割当てに関する事項（9号）

⑩株式交付子会社の株式および新株予約権等の譲渡しの申込みの期日（10号）

⑪株式交付がその効力を生ずる日（効力発生日）（11号）

　以上①〜⑪の事項は1つでも記載が欠けると株式交付計画として効力を認めることはできず、その株式交付は無効となる。

　なお、株式交付を行う場合において、株式交付子会社が種類株式発行会

社であるときは、株式交付親会社は、株式交付子会社の発行する種類の株
式の内容に応じ、上記④の割当てに関する事項として次に掲げる事項を定
めることができる（774条の3第3項）。

　　　ⓐある種類の株式の譲渡人に対して株式交付親会社の株式の割当てを
　　　　しないこととするときは、その旨および当該株式の種類

　　　ⓑⓐに掲げる事項のほか、株式交付親会社の株式の割当てについて
　　　　株式の種類ごとに異なる取扱いを行うこととするときは、その旨お
　　　　よび当該異なる取扱いの内容

　上記④の割当てに関する事項についての定めは、株式交付子会社の株式
の譲渡人（上記ⓐの種類の株式の譲渡人を除く）が株式交付親会社に譲り渡
す株式交付子会社の株式の数（上記ⓑについての定めがある場合にあっては、
各種類の株式の数）に応じて株式交付親会社の株式を交付することを内容
とするものでなければならない（774条の3第4項）。

　774条の3第3項、4項の規定は、上記⑥の金銭等の割当てに関する事
項について準用される（同条5項）。

　株式交付は部分的株式交換と呼ばれることもあるが、株式交換の契約内
容と比較して異なる点がある。

　まず、第1に、株式交換は吸収型の組織再編の1つであり、いわゆる再
編対価の柔軟化が認められている（768条1項2号参照）。株式交換の対価
として交付されるものは、親会社の株式に限られないだけでなく、そもそ
も親会社の株式を交付しないで他の種類の対価（たとえば金銭）を使って
株式交換を行うことができる。これに対して株式交付においては、対価と
して株式交付親会社の株式は必ず交付されなければならない（774条の3第
1項3号と同項5号を対比）。上記⑤の定めは、株式交付親会社の株式に加
えて使用することができる対価の内容に多様性をもたせているにすぎない。
あくまで交付対価のメインは株式交付親会社の株式であることが想定され
ている。もっとも、株式交付子会社の株主に交付する対価の価値の全体の
うち株式とそれ以外の金銭等が占める割合について、文言上、とくに制約
はない。極端な事例かもしれないが、交付される対価の評価額の大部分が

株式以外の金銭等で占められている場合があるとしても、それゆえに直ちに当該株式交付が違法無効と解されることはない。

　第2に、第1の点と関連するが、上記⑤㈡に定められているように交付対価として金銭のほか、たとえば株式交付親会社の親会社にあたる会社の株式を使用すること自体は禁じられていない。もっとも、株式交付は株式交付親会社の株式が対価とされる場面について現物出資にかかる検査役の調査等の手続を不要とするものであることを理由に、800条に相当する規律（子会社による親会社株式取得にかかる特則）を設けることは、当初から想定されていなかった（神田・解説〔Ⅶ〕17頁参照）。そのため、800条が想定しているいわゆる三角株式交換に類似した三角株式交付（交付対価を株式交付親会社の親会社の株式のみとする）は、認められないことは文言上明らかである。その結果、株式交付に対して135条の制約がかかる。したがって、株式交付において株式交付親会社の親会社にあたる会社の株式を使用する場面は、交付対価の一部としてのみ利用できるにすぎないうえに、株式交付親会社がその親会社の株式をたまたま適法に保有しているというケースに限られることとなろう。それゆえ、100％子会社を介して株式交付により他の会社を支配下に置こうとする試みは、当該子会社の100％支配が株式交付の実行によって崩れてしまう結果となるので、実際上制約されることとなろう。

　第3に、上記②の記載は、株式交付計画に特有の記載事項である。ここに定められるべき株式交付親会社が譲り受ける株式交付子会社株式の数の下限は、株式交付の効力発生日（上記⑪）を基準とし、株式交付子会社が効力発生日において株式交付親会社の子会社となる数を内容とするものでなければならない（774条の3第2項）。譲り受ける株式の数の下限を株式交付子会社の議決権割合の過半数ギリギリに設定するケースもあれば、たとえばその70％あるいは80％に設定するケースも考えられる。また、基準となる日は効力発生日であって、株式交付計画の作成日ではない。株式交付計画の作成からその効力発生日までの間に株式交付子会社の発行済株式総数に変動が生ずることをあらかじめ了知している場合は、効力発生日現

在の発行済株式総数をベースに下限を設定することを要する。一方、株式
交付の効力発生日とは別に、株式交付計画に記載すべき事項として上記⑩
の申込みの期日の記載がある。株式交付が株式交付親会社と株式交付子会
社の株主との間の株式譲渡行為であることを反映した記載事項であって、
これも株式交付計画に特有の記載事項である。

　第4に、細かい事柄であるが、上記①の記載事項には株式交付子会社の
商号・住所の記載が要求されるが、株式交付親会社についての情報の記載
は要しない。これは株式交付計画の閲覧謄抄本交付請求権を有する者は株
式交付親会社の株主・債権者に限られるからである（816条の2第3項）。

　第5に、上記③の記載事項にみられるように、株式交付親会社が株式交
付に伴い株式を対価として交付することから、株式交付による資本金およ
び準備金の額の変動が予想されるので、それらの額に関する事項の記載が
要求されている（改正後の445条5項参照）。

　なお、株式交付子会社が株式交付に先立ち新株予約権や新株予約権付社
債を発行しているというケースも考えられる。もしもこれらの新株予約権
等をそのままにして株式交付を行なうことがあると、株式交付親会社は、
いったんは子会社の過半数支配権を掌握したとしても、新株予約権の権利
行使によって支配権を覆される可能性が高い。そこで、株式交換の場合
（768条1項4号）や支配株主の株式売渡請求の場合（179条3項）にならっ
て、株式交付計画において上記⑦にみられる定めを置いて、新株予約権等
を併せて譲り受けることができるようにしている。もっとも、株式交付計
画に上記⑦の定めを記載したとしても、それゆえに当該新株予約権等が強
制的に消滅したり譲り渡されたりするわけではないことに留意を要する。

●───2　株式交付計画の決定

　後述するように、株式交付計画は原則として株式交付親会社の株主総会
の特別決議で承認を受けることを要する（816条の3第1項、309条2項12
号）。株主総会に提案される株式交付計画の内容の決定は、株式交付親会
社が取締役会設置会社の場合は取締役会の決議による。この決定は、会社

にとって重要な業務執行の1つといえ、したがって取締役会の専決事項に
あたる[5]（362条4項）。指名委員会等設置会社や監査等委員会設置会社にお
いては、取締役会の権限について監査役設置会社とは異なる定めが置かれ
ているが、指名委員会等設置会社の場合は416条4項、監査等委員会設置
会社の場合は399条の13第5項がそれぞれ改正され、株主総会の決議を要
しないものを除き、たとえ委任の要件を満たしていたとしても、原則とし
て株式交付計画の内容の決定を取締役や執行役に対して委任できない旨、
明文で規定された（399条の13第5項22号、416条4項24号の追加）。

Ⅳ　株式交付子会社の株式の譲渡しの申込み等

　株式交付計画は、原則として株式交付親会社の株主総会の特別決議によ
る承認を要する（816条の3第1項、309条2項12号）。この株主総会の決議
により、株式交付親会社内部の意思が確定される。つぎに、株式交付親会
社は、株式交付子会社の株主から株式を譲り受けるため、以下の手続に従
わねばならない。任意の方法で株式譲渡契約を締結できるわけではない。
その手続は会社法上の募集株式の発行等の規律に類似している（203条な
いし206条参照）。

　なお、とくに詳述しないが、もしも株式交付子会社が金商法上の公開買
付制度の適用がある会社であれば、金融商品取引法が定めるルールの適用
を受けることとなることに留意を要する。

●───1　株式交付親会社から株式交付子会社株式の譲渡申込者に対する通知

　株式交付親会社は、株式交付子会社の株式の譲渡しの申込みをしようと
する者に対し、次に掲げる事項を通知しなければならない（774条の4第1
項）。

　　①株式交付親会社の商号（1号）

　5）　監査役（会）設置会社において、明文の定めはみられない。もっとも、株式交換等組織再
　　編行為につきその契約を議案として株主総会に提出するに際して取締役会が議案の内容を決
　　議することは、298条4項の趣旨に照らして、業務執行の意思決定機関として当然の権限で
　　あると解される。

②株式交付計画の内容（2号）

③①②に掲げるもののほか、法務省令で定める事項（3号）

　交付対価が振替株式（社振160条の2第1項）、振替新株予約権（同189条の2第1項）、振替新株予約権付社債（同223条の2第1項）、または振替社債（同86条の3第1項）である場合には、株式交付親会社は、通知において、社債、株式等の振替に関する法律の規定の適用がある旨を示さなければならない。

　なお、会社法上の募集株式の発行等の規律に類似して、株式交付親会社が上記①～③に掲げる通知事項を記載した金融商品取引法2条10項に規定する目論見書を、申込みをしようとする者に対して交付している場合その他株式交付子会社の株式の譲渡しの申込みをしようとする者の保護に欠けるおそれがないものとして法務省令で定める場合には、1項は適用されない（774条の4第4項）。

●――2　株式譲渡の申込み

　株式交付子会社の株式の譲渡しの申込みをする者は、株式交付計画に記載されている譲渡しの申込みの期日までに、以下に掲げる事項を記載した書面を株式交付親会社に交付しなければならない（774条の4第2項）。

　　①申込みをする者の氏名または名称および住所

　　②譲り渡そうとする株式交付子会社の株式の数（株式交付子会社が種類株式発行会社である場合にあっては、株式の種類および種類ごとの数）

　譲り渡す株式等が、社債、株式等の振替に関する法律の適用対象となる振替株式等である場合は、申込者は自己のために開設された振替株式等の振替を行うための口座（特別口座を除く）を記載した書面等を株式交付親会社に対し示さなければならない（社振160条の2第2項、189条の2第2項、223条の2第2項、86条の3第2項）。

---

6)　株式譲渡しの申込みをする者は、上記の書面の交付に代えて、政令で定めるところにより、株式交付親会社の承諾を得て、書面に記載すべき事項を電磁的方法により提供することができる。この場合において、当該申込みをした者は、書面を交付したものとみなされる（774条の4第3項）。これも現行法の募集株式の発行等の規律に類似した規定といえよう。

　株式交付親会社は、株式交付子会社の株式の譲渡しの申込みをしようとする者に対し通知すべき事項について変更があったとき（効力発生日を変更したときおよび申込期日を変更したときを含む）は、直ちに、その旨および当該変更があった事項を、株式譲渡の申込みをした者（申込者）に通知しなければならない（774条の4第5項）。株式交付親会社が申込者に対してする通知または催告は、申込者が株式交付親会社に交付した書面に記載された住所（当該申込者が別に通知または催告を受ける場所または連絡先を当該株式交付親会社に通知した場合にあっては、その場所または連絡先）に宛てて発すれば足り、発信された通知・催告は、通常到達すべきであった時に到達したものとみなされる（同条6項、7項）。

●───3　株式交付親会社の株式の割当て

　株式交付親会社は、申込者の中から株式交付子会社の株式を譲り受ける者を定め、かつ、その者に割り当てる当該株式交付親会社が譲り受ける株式交付子会社の数（株式交付子会社が種類株式発行会社である場合にあっては、株式の種類ごとの数）を定めなければならない（774条の5第1項前段）。この場合において、株式交付親会社は、申込者に割り当てる当該株式の数の合計が株式交付計画に記載された譲り受ける株式数の下限の数を下回らない範囲内で、申込者が譲り渡すべき当該株式の数を、当該申込者が申し込んだ株式の数よりも減少することができる（同項後段）。

　会社法上募集株式の発行等の場合は、発行会社が申込者に割り当てる当該発行会社の株式の数についていわゆる割当自由の原則が認められている（204条1項参照）。株式交付の場合には、譲り受ける子会社株式の数についての調整ではあるが、たとえば株式交付計画中に記載された譲り受ける株式交付子会社株式の数の下限が、株式交付親会社が議決権割合の51％を取得することとなるように設定されている場合に、その下限を上回る申込みがあったという場合には、申込みのあった子会社株を全部譲り受けても構わない。それでは、譲り受ける株式の数を調整することが許されるか。条文上は、株式交付親会社の裁量に委ねられているように読める。もっとも、

そのような調整が常に許されるわけではない。すなわち、774条の5第1項後段の文言により制約がかかっており、たとえば譲り受ける株式交付子会社株式の数の下限が、議決権割合の60％を取得することとなるように設定されているのにかかわらず、結局51％の取得となる株式の譲受けでとどめるということは、許されない。このような制約は、申込者の期待を保護する趣旨である。

　なお、申込みの総数が株式交付計画に記載された譲り受ける株式数の下限を下回ってしまった場合には、たとえ申込みのあった株式を全部譲り受けると株式交付親会社が保有する議決権割合の51％になるとしても、申込みのあった株式を譲り受けることはできない（774条の10前段）。この場合には、株式交付親会社は、申込者に対し、遅滞なく、株式交付をしない旨を通知しなければならない（同条後段）。にもかかわらず、株式交付親会社が子会社の株式を譲り受けてしまうと、株式交付の無効原因となる。そのほかに、株式交付親会社の方から株式交付の撤回を申し出ることが可能かどうか、明文の定めはなく、774条の11第5項2号の「株式交付を中止」の文言解釈に委ねられている。

●──── 4　株式交付親会社からの譲受けの通知

　株式交付親会社は、効力発生日の前日までに、申込者に対し、当該申込者から当該株式交付親会社が譲り受ける株式交付子会社の株式の数を通知しなければならない（774条の5第2項）。

　もっとも、774条の4および774条の5の規定は、株式交付子会社の株式を譲り渡そうとする者が、株式交付親会社が株式交付に際して譲り受ける株式交付子会社の株式の総数の譲渡しを行う契約を締結する場合には、適用されない（774条の6）。いわゆる総数譲渡し契約とでもいうべき方式で株式交付を実行することが認められている。

●──── 5　株式譲渡契約の成立

　以下の①および②に掲げる者は、当該①および②に定める株式交付子会

社の株式の数について株式交付における株式交付子会社の株式の譲渡人と
なる（774条の7第1項）。

　　①申込者　上記4の通知を受けた株式交付子会社の株式の数
　　②総数譲渡し契約をした者　その者が譲り渡すことを約した株式交付
　　　子会社の株式の数

　このように、株式交付計画において株式交付親会社と株式交付子会社の
株主との間の株式譲渡契約は、申込みと承諾の手順に沿って成立する。も
っとも、株式交付の場合、一般の契約とは異なり、契約の成立により直ち
に契約の目的物の移転の効果が生ずるわけではないことに留意を要する。
すなわち、上記①および②により株式交付子会社の株式の譲渡人となった
者は、効力発生日に、それぞれ上記①および②に定める数の株式交付子会
社の株式を株式交付親会社に給付しなければならない（774条の7第2項）。
株式交付の効力発生日に、株式交付親会社は株式交付子会社の株式を取得
して株主となり（774条の11第1項）、株式を譲り渡した子会社の株主は、
株式交付計画の定めに従い、株式交付親会社の株主等となる（同条2項、
3項）。

　ところで、中間試案に対するパブリックコメント後、株式交付子会社の
株式の譲受けに関する意思表示に瑕疵があった場合における意思表示の無
効等の主張の可否が議論され、その結果、判例の動向や募集株式の発行等
の規律を参考に、中間試案の内容に修正が加えられた。株式交付における
株式交付子会社の株式の個別の譲受けについても、意思表示の瑕疵を理由
とする無効等の主張をすることができることを前提としたうえで、法律関
係の安定を図ることを目的として、募集株式等の発行に関する211条を参
考として、次のような定めが置かれることとなった（神田・解説〔Ⅶ〕11頁）。

　すなわち、民法93条1項ただし書および94条1項の規定は、株式交付子
会社の株主の申込み、株式交付親会社の割当て、および、総数譲渡し契約
にかかる意思表示については、適用されない。また、株式交付における株
式交付子会社の株式の譲渡人は、株式交付の効力発生日から1年を経過し
た後またはその株式について権利を行使した後は、錯誤、詐欺または強迫

を理由として株式交付子会社の株式の譲渡しの取消しをすることができない（774条の8）。意思無能力者による意思表示や詐害行為にあたる譲渡の場合は、対象外であり、それぞれ解釈に委ねられる。

　仮に、株式交付における株式交付子会社の株式の個別の譲受けが無効等となり、その結果として、株式交付親会社が譲り受けた株式交付子会社の株式の数の総数が、株式交付計画に記載された下限の数に満たないこととなった場合には、株式交付全体の無効原因となると解されている（神田・解説〔Ⅶ〕11頁）。

　そのほか、株式交付子会社の株式に併せて譲り受けるのであれば新株予約権等も譲り受けることは、前述したように、株式交付計画に記載することにより可能となる（774条の3第1項7号、8号、9号）。株式交付親会社が株式交付子会社の新株予約権等を譲り受けるときの規律は、株式のそれと類似した定めが置かれている（774条の9）。ただし、給付を受けた株式交付子会社の株式の数が株式交付計画に記載された下限の数を下回り、株式を譲り受けることができないときに、新株予約権等のみを譲り受けることは許されない（774条の11第5項3号により、同条1項から4項の規定は適用されない）。

●───6　株式交付の効力の発生

　株式交付親会社は、効力発生日に、株式交付子会社の株主から給付を受けた株式交付子会社の株式を譲り受ける（774条の11第1項）。前述したように、株式交付子会社の株主は、株式交付計画に記載された株式譲渡しの申込期日までに申込みをし、株式交付親会社が譲り受ける株式交付子会社の株式の割当てを受けることで株式譲渡契約が成立することによって、または、株式交付親会社との間の総数譲渡し契約によって、株式交付親会社に対して株式交付子会社株式を譲渡する義務を負う。もっとも、株式譲渡契約（または総数譲渡し契約）の締結によって直ちにその効力として子会社の株式が親会社に移転するものではない。譲渡の法的効果は、株式交付計画に定められた効力発生日（774条の3第1項11号）に生ずる。すなわち、

株式交付親会社は、効力発生日に、給付を受けた株式交付子会社の株式を譲り受け（774条の11第1項）、株式交付親会社に対し株式交付子会社の株式を給付した株式交付子会社の株式の譲渡人は、効力発生日に、株式交付計画に記載された割当ての定めに従い、株式交付親会社の株式の株主となる（同条2項）。株式譲渡しの申込期日（774条の3第1項10号）と効力発生日の間に一定のタイムラグがあることは、制度上予定されている。もっとも、あまりに長期間タイムラグがあると、その間に株式交付子会社の株式の譲渡人は不安定な立場に立たされる危険性があるように思われる。

　また、前述したように、株式交付計画において、株式交付子会社の株式の譲受けの対価として、株式交付親会社の株式に加えて、社債や新株予約権などを定めることができる（774条の3第1項5号、6号）。この定めがある場合には、株式交付親会社に対し株式交付子会社の株式を給付した株式交付子会社の株式の譲渡人は、効力発生日に、株式交付親会社の株式の加えて、株式交付計画に記載された割当ての定めに従い、社債権者、新株予約権者、および新株予約権付社債の社債権者となる（774条の11第3項）。もし株式交付計画において金銭が支払われる定めがある場合には、その定めに従い、株式交付親会社に対し株式交付子会社の株式を給付した株式交付子会社の株式の譲渡人は、効力発生日に、株式交付親会社の株式に加えて、金銭を受け取ることとなる。

　ただし、以下に掲げる場合には、株式交付の法的効果は発生しない（774条の11第5項）。

　　①効力発生日において、株式交付親会社の債権者異議申立ての手続が終了していない場合（1号）

　　②株式交付を中止した場合（2号）

　　③効力発生日において株式交付親会社が給付を受けた株式交付子会社の株式の総数が、株式交付計画に記載された譲受け株式数の下限を下回る場合（3号）

　　④効力発生日において株式交付によって株式交付親会社の株主となる者がない場合（4号）

　上記④に該当する場合として、たとえば、株式交付計画に定められた割当てに従うと株式交付子会社の株式の譲渡人がすべて1株に満たない端数しか受け取れないような割当比率を定める株式交付計画は、たとえ譲渡人がそのような定めを承知の上で株式交付に応じたとしても、法的効果を認められないのである。

　上記①～④に掲げる場合には、株式交付親会社は、株式交付子会社の株式の譲渡人に対し、遅滞なく、株式交付をしない旨を通知しなければならず、この場合において、給付を受けた株式交付子会社の株式があるときは、遅滞なく、給付を受けた株式交付子会社の株式をその譲渡人に返還しなければならない（774条の11第6項）。

　なお、株式交付計画の定める割当ての比率によっては、株式交付子会社の株式の譲渡人や新株予約権者等の中には、株式交付親会社の株式の1株に満たない端数を交付される事態が生じうる。そのような場合に備えて、端数の金銭処理を定める234条が改正された（234条1項9号の追加）。

　また、株式交付計画の定めにより、株式交付子会社の新株予約権者等が株式交付親会社に対し新株予約権等を譲り渡す場合の効力発生については、774条の11第4項に株式の場合に準じた定めが置かれている。

　ところで、株式交付計画においても、いったん定めた効力発生日を変更（前倒しする場合と先送りする場合の両者を含む）することができる（816条の9）。この規律は、中間試案には含まれていなかったが、パブリックコメント後の部会の審議に基づき、追加され、改正に至ったものである。この点につき、株式交換の場合には、株式交換親会社と株式交換子会社の間の合意で効力発生日の変更が可能であるが（790条1項）、株式交付では、計画の当事者ではない株式交付子会社の合意を要件とすることが適当ではないとされ、そうかといって、株式交付子会社の株式および新株予約権等の譲渡人の数は、相当な数になる可能性もあるので、株式交付親会社と当該譲渡人全員との間の合意を要するとすることは、現実的ではないとして、この案も採用されなかった（神田・解説〔Ⅶ〕15頁）。結局、改正では、株式交付親会社が、単独で効力発生日を変更することができるものとされた。

株式交付においても、たとえば、株式公開買付規制が適用される場合において（金商27条の2第1項各号参照）、公開買付期間の延長を要するようなとき（たとえば公開買付期間を当初法定の最短期間である20営業日として設定したが、対象会社（株式交付子会社）の要請によりこれを30営業日まで延長することが法律上義務づけられる場合。金商27条の10第2項2号、3項参照）は、迅速に株式交付の効力発生日を変更する必要性が生ずる可能性が高いと考えられ、そのような事後的な事情変更等により、効力発生日を先送りすることが望まれる場合において再度株主総会の決議等をやり直すことが必要であるとすれば相当な時間と費用とを要することとなるため、これを要しないこととして簡易な効力発生日の変更を認めることが妥当と考えられたからである[7]（神田・解説〔Ⅶ〕15頁）。

ただし、株式交付親会社による効力発生日の変更を無制限に認めることは、前倒しであれ先送りであれ、株式交付子会社の株式および新株予約権等の譲受けの相手方当事者である譲渡人の利益を不当に害するおそれがあり、相当ではないと考えられたため、変更後の効力発生日は、株式交付計画において定めた当初の効力発生日から3か月以内の日でなければならないものとされた（816条の9第2項）。この「3箇月以内」という期間は、公開買付期間の延長に関する規律をふまえたものである[8]（神田・解説〔Ⅶ〕15〜16頁）。

---

7) 株式交付親会社が効力発生日を変更するとき、変更前の効力発生日（変更後の効力発生日が変更前の効力発生日前の日である場合にあっては、当該変更後の効力発生日）の前日までに、変更後の効力発生日を公告しなければならない（816条の9第3項）。効力発生日は、株式交付計画の内容として、株式交付親会社が株式交付子会社の株式の譲渡しの申込みをしようとする者に対し通知しなければならない事項であり、株式交付親会社は、これについて変更があったときは、当該株式の譲渡しの申込みをした者に通知しなければならない（774条の4第5項）。

8) 当初設定した公開買付期間では予定どおりに株式を買い集めることができないと判断され、したがって公開買付期間の延長を要するのでこれに合わせて株式交付計画の効力発生日の延長をする場合に、これにより株式交付子会社の株式等の譲渡しの申込みの期日を延長する必要がある。そこで、株式交付親会社が変更後の申込期日を公告する義務を負うことを条件に、効力発生日の変更をする場合には、その変更と同時に申込期日を変更することができるものとされた（816条の9第5項、6項）。

●───7　株式交付親会社の手続（組織法的側面）

　(1)　事前・事後の備置義務　　株式交付の制度は、前述したように、法的性質として組織法的な側面を有する。そこで、株式交付親会社の株主および債権者の保護の観点から、基本的に株式交換と同様の規律が適用されることとなった（神田・解説〔Ⅶ〕14頁）。

　具体的には、まず、株式交付親会社は、株式交付計画備置開始日から効力発生日後6か月を経過する日までの間、株式交付計画の内容その他法務省令で定める事項を記載し、または記録した書面または電磁的記録をその本店に備え置かなければならない（816条の2第1項）。ここに株式交付計画備置開始日とは、株式交付計画について株主総会（種類株主総会を含む）の決議によってその承認を受けなければならないときは、当該株主総会の日の2週間前の日、株主に対する通知・公告の日のいずれか早い日、債権者保護手続をしなければならないときは、債権者に対する公告・催告の日のいずれか早い日、のいずれか早い日をいう（同条2項）。それとともに、株式交付親会社は、効力発生日後遅滞なく、株式交付に際して株式交付親会社が譲り受けた株式交付子会社の株式の数その他の株式交付に関する事項として法務省令で定める事項を記載し、または記録した書面または電磁的記録を作成し、効力発生日後6か月を経過する日までの間、その本店に備え置かなければならない（816条の10第1項、2項）。これらの事前・事後の備置書類は、株式交付親会社の株主（株式交付に際して株式交付子会社の株式および新株予約権等の譲渡人に対して交付する金銭等（株式交付親会社の株式を除く）が株式交付親会社の株式に準ずるものとして法務省令で定めるもののみである場合以外の場合にあっては、株主および債権者）の閲覧・謄抄本交付請求の対象となる（816条の2第3項、816条の10第3項）。

　(2)　株主総会の特別決議による承認　　つぎに、株式交付親会社は、効力発生日の前日までに、株主総会の特別決議によって、株式交付計画の承認を受けなければならない[9]（816条の3第1項、309条2項12号）。株式交付

---

　9)　株式交付親会社が種類株式発行会社である場合、ある種類の株主に損害を及ぼすおそれがあるときは、会社の株主総会の決議とは別に、種類株主総会の特別決議がなければ、株式交

親会社が株式交付子会社の株式および新株予約権等の譲渡人に対して交付する金銭等（株式交付親会社の株式等を除く）の帳簿価額が、株式交付親会社が譲り受ける株式交付子会社の株式および新株予約権等の額として法務省令で定める額を超える場合には、株式交付親会社の取締役は、株式交付計画の承認を求める株主総会において、その旨を説明しなければならない（816条の3第2項）。株式交付親会社の立場からみて、株式交付に際して、受け取る財産の価額よりも流失する財産の価額が大きい場合、すなわち持ち出しになる場合に、株主に対してその事実を明らかにしたうえでそれでも株式交付計画を承認するか否かの判断の機会を与える趣旨である。株式交換について同様の規定がすでに存在する（795条2項参照）。

　もっとも、一定の場合にはいわゆる簡易手続が認められ、株主総会決議は不要となる。すなわち、①株式交付子会社の株式および新株予約権等の譲渡人に対して交付する株式交付親会社の株式の数に1株当たりの純資産額を乗じて得た額、②株式交付子会社の株式および新株予約権等の譲渡人に対して交付する株式交付親会社の社債、新株予約権または新株予約権付社債の帳簿価額の合計額、および、③株式交付子会社の株式および新株予約権等の譲渡人に対して交付する株式交付親会社の株式等以外の財産の帳簿価額の合計額の、株式交付親会社の純資産額として法務省令で定める方法により算定される額に対する割合が5分の1（これを下回る割合を株式交付親会社の定款で定める場合にあっては、その割合）を超えない場合には、株式交付親会社の株主総会決議は不要となる（816条の4第1項）。いわゆる20％ルールである。これについても株式交換について同様の規定がすでに存在する（796条2項参照）。

付はその効力を生じない（322条1項14号の追加）。たとえば株式交付子会社の株主に対して株式交付の対価として、株式交付親会社の剰余金配当優先株を交付する場合が該当しよう。また、株式交付親会社が種類株式発行会社である場合であって、①株式交付子会社の株式の譲渡人に対して交付する金銭等が株式交付親会社の株式であるときは、株式交付計画に定められた種類の株式が、または、②株式交付子会社の新株予約権等の譲渡人に対して交付する金銭等が株式交付親会社の株式であるときは、株式交付計画に定められた種類の株式が、それぞれ譲渡制限株式である場合には、当該種類株主を構成員とする種類株主総会の特別決議がなければ、株式交付はその効力を生じない（816条の3第3項、324条2項7号）。

　例外の例外として、これも株式交換について同様の規定がすでに存在するが（796条2項ただし書参照）、たとえ20％ルールの要件を満たす場合であっても、株式交付に際して株式交付親会社が持ち出しとなる場合には取締役の説明義務（816条の3第2項）を履行させるため、また株式交付親会社が公開会社でない場合には非公開会社の募集株式の発行等の規律と平仄を合わせるため、それぞれ株主総会決議を省略することはできない（816条の4第1項ただし書）。また、20％ルールの要件を満たす場合であっても、法務省令で定める数の株式を有する株主が株式交付に反対する旨を一定期間内に会社に対し通知したときにも、原則に戻って、株主総会の決議を要する（同条2項）。これも株式交換について同様の規定がすでに存在する（796条3項参照）。

　(3)　反対株主の株式買取請求権　　株式交付計画について原則として株式交付親会社の株主総会の特別決議を要するというスキームは、株式交換の規律にならって株式交付親会社の株主の保護を図ったものである。もっとも、株主総会の決議は特別決議を要するとはいえ、多数決によるものであるから、少数株主の保護に常に資するとは必ずしもいえない。そこで、やはり株式交換の規律にならって株式交付においても、いわゆる反対株主の株式買取請求権を法定している。すなわち、株式交付をする場合には、反対株主は、株式交付親会社に対し、自己の有する株式を公正な価格で買い取ることを請求することができるものとされた（816条の6、816条の7）。もっとも、いわゆる簡易な株式交付手続が用いられる場合には、前述のように株主総会決議を要する場合を除き、原則として反対株主の株式買取請求権を行使することができない（816条の6第1項ただし書）。これもやはり株式交換の規律にならった措置である（797条1項参照）。なお、株式交付親会社が振替株式を発行している場合には、816条の6第3項の通知（効力発生日の20日前までに、株主に対して行わねばならない通知）に代えて、当該通知すべき事項を公告しなければならない（改正後の社振161条2項）。これも株式交換の規律と同様である。

　(4)　差止請求権　　一方で、株式交付親会社の少数株主の保護として、

株式買取請求以外の方策として、事前の差止請求と、事後の無効の訴えが法定されている。無効の訴えについては9で論じることとし、ここでは事前の差止請求について論ずることとする。株式交付が法令または定款に違反する場合において、株式交付親会社の株主が不利益を受けるおそれがあるときは、株式交付親会社の株主は、株式交付親会社に対し、株式交付をやめることを請求することができる（816条の5）。ここに「法令違反」の文言が株式交付割当ての不公正をも含むと解釈しうるか否かは、すでに株式交換等の場合において議論されているところであり、株式交付についても今後の議論に委ねられたものと考えられる。もっとも、いわゆる20％ルールの要件を満たす簡易な株式交付の場合には、株主総会決議を要する場合を除き、原則として差止請求権を行使できない（同条ただし書）。これも株式交換の規律と同様である（796条の2柱書参照）。

　(5)　**株式交付親会社の債権者の保護**　　株式交付親会社の債権者の保護については、やはり株式交換の規律にならって（799条の1項3号参照）、一定の場合には、異議申立ての制度を法定している。すなわち、株式交付に際して、株式交付子会社の株式および新株予約権等の譲渡人に対して交付する金銭等（株式交付親会社の株式を除く）が株式交付親会社の株式に準ずるものとして法務省令で定めるもののみである場合以外の場合には、株式交付親会社の債権者は、株式交付親会社に対し、株式交付について異議を述べることができ、それにより債権の弁済等を受ける場合がある（816条の8）。

●───8　株式交付子会社における手続の要否

　株式交付によって株式交付子会社の支配権は変動する。株式交付により、株式交付子会社に親会社が新たに出現し、またはその親会社に交代が生ずる。このことを重視するならば、株式交付子会社の株主全体、とりわけ譲渡人以外の株主を何らかの方法で保護する必要性がありそうである。たとえば、情報提供のための手続を整備したり、株主総会決議を義務づけるなどが考えられる（206条の2参照）。改正に至る議論において、株式交付子

会社の株主の保護を図るべきだとする見解も主張されたようである。もっとも、結局、賛否両論がある中で、積極的な見解が採用されることはなかった。その理由は以下のように説明されている。

　すなわち、株式交付では、株式交付親会社は、株式交付子会社の株式を法律上当然に取得するのではなく、当該株式を有する者から個別に譲り受けるのであり、その実質は株式交付子会社の株式の有償の譲渡または現物出資と異ならない。会社法上、どの株主からどの程度の数の株式をどのような対価で譲り受けるかは譲渡人と譲受人との間の合意により決めることができることが原則であり、株主の意思に基づく株式の譲渡（現物出資財産としての株式の給付を含む）に伴い発行会社の主要株主に交代が生ずる場合には、譲渡人その他の株主の保護の観点から、対価の相当性を担保するための手続や、譲渡人以外の株主の保護のための手続に関する規律は、株式の譲渡制限を除き、設けられていないことを踏まえると、株式交付の場合にのみ、このような手続に関する規律を設けることについては、慎重に考えざるを得ないからである（神田・解説〔Ⅶ〕16頁）。

　株式交付子会社の株主の保護は、会社法上では株式譲渡制限により、会社法以外の規制として金融商品取引法上の公開買付規制や発行開示規制により、その適用がある範囲内でのみ図られるが、それらを超えて保護を図らなくとも、それでやむを得ないということである。

　ところで、株式交付の法的実質が株式交付子会社の株式の有償の譲渡または現物出資であるとすると、株式交付に応じてその持株を譲り渡すか、それとも保有し続けるかという投資判断を迫られることとなる株式交付子会社の株主に対して、果たして対価の相当性を担保するための手続は不要と言い切れるのであろうか。この論点については、採用されなかったが、中間試案のパブリックコメントにおいて、株式交付子会社の株式の譲渡しの申込者に対し、株式交付親会社が作成する対価の相当性に関する書面を閲覧謄写する権利を付与すべきだという意見があったようである。もしも上場会社同士の株式交付であれば、それぞれの株式の評価は株価に反映されていると考えることができ、株価を比較評価することにより、株式交付

子会社の株主は投資判断をなしうるともいえる。もっとも、そのような場合以外では、前述したように一定の情報が株式交付親会社から申込者に対し提供される規定（774条の4第1項）が設けられたとはいえ、それのみでは株式交付子会社の株主は両社の株式価値の比較評価の決め手がないと考えられる。ただ、一方で、対価の相当性を評価するための情報の提供を、株式交付親会社に強制することは、株式交付子会社の株式の譲受けの当事者である株式交付親会社が、その相手方当事者となろうとする者に対し、その者の保護の観点から、自らが交付する対価の相当性に関する事項を通知しなければならないものとするという考え方に対して、そもそも疑問がありうるという反論がなされた（神田・解説〔Ⅶ〕17頁）。結局、対価の相当性を評価するための情報が株式交付子会社の株主に対して提供される方策は制度化されなかった。両社の株式価値の比較評価の問題は、独立当事者間取引ゆえに自助努力によらざるを得ないということであろう。

●───── 9　株式交付の無効の訴え

　改正においては、株式交付が組織法的性質を有することに鑑み、株式交換の場合と同様に、会社の組織に関する訴えに株式交付の無効の訴えが追加された（828条1項13号）。したがって、株式交付の無効の訴えは形成の訴えに属し、無効主張は訴えをもってのみこれをなすことができる。もっとも、先に述べたように、株式交付子会社の株式・新株予約権等の譲渡人は、無効の訴えとは別に、個別に民法に基づき無効・取消しの主張をなしうることに留意を要する。

　提訴期間は、株式交付の効力が生じた日から6か月以内とされる（828条1項13号）。原告の資格は、①株式交付の効力が生じた日において株式交付親会社の株主等であった者、②株式交付に際して株式交付親会社に株式交付子会社の株式もしくは新株予約権等を譲り渡した者、③株式交付親会社の株主等、破産管財人もしくは株式交付について承認をしなかった債権者に限定されている（同条2項13号）。これに対して、被告は株式交付親会社である（834条12号の2）。原告が勝訴した場合の確定判決の効力につ

いては、対世効および将来効がそれぞれ法定されている（838条、839条）。

　ところで、会社の組織に関する訴えと共通して、株式交付の無効の訴えにおいても無効事由は法定されておらず、その内容は解釈に委ねられている。一般的にいえば、株式交付を無効とするに値するだけの重大な法的瑕疵が存在しないといけないと考えられる。たとえば、事前・事後の備置義務（816条の２、816条の10）の不履行、備え置かれた書類の重大な不備、株式交付を承認する株主総会決議（816条の３）の欠缺などが、株式交換の場合のアナロジーとして無効事由に挙げられるものと考えられる。同様に従来の議論をあてはめれば、株式交付の交付条件の不公正は、それ自体は無効原因とはならないと考えられる（東京高判平成２年１月31日資料版商事法務77号193頁参照）。一方、株式交付親会社から株式交付子会社の株式・新株予約権等の譲渡人に対して提供された情報（774条の４第１項、774条の９）に重大な不備があるときや、まったく対価が支給されない場合には、これは株式交付特有の事由として、無効原因となると考えられる。

　備置書類の不備や株主総会決議の欠缺など無効事由が株式交付親会社の側に存するとき、それを親会社の利害関係者、すなわち上記原告適格者の①や③が主張することに問題はない。問題は、これらの法的瑕疵を②の譲渡人が主張しうるかである。解釈が分かれるだろうと予想される。ただ、譲渡人は自己の期待の通りに株式や新株予約権等を譲渡できたのであり、事後になって、取引の相手方当事者である株式交付親会社内部の意思決定プロセスの瑕疵を突いて無効主張を認めるだけの実益は見出し得ないと考える立場は、必ずしも不合理ではないように解される。そのように解するのであれば、株式交付子会社の株式等の譲渡人に対する情報提供の不備や対価の不支給などを親会社の利害関係者が無効事由として主張することについても、消極的に解するべきこととなろう。

第48章　その他の改正

I　責任追及等の訴えにかかる訴訟における和解

●────1　改正前の状況

　会社法上、取締役らの会社に対する責任を追及する訴訟につき、和解（確定判決と同一の効力が認められ、したがって再訴禁止の効力がある訴訟上の和解。民訴267条）をする場合には、総株主の同意（424条）を要しない（850条4項）。このため、和解内容が不当に取締役らに有利なものとなる危険性は無視できないので、責任追及等の訴えの原告が株主等であるため会社が和解の当事者でない場合には、和解内容を会社に対して通知し、会社に異議申立ての機会を与える制度が設けられている（850条2項、3項、386条2項2号）。

　もっとも、会社法上、会社が責任追及等の訴えにかかる訴訟における和解に当事者として参加する場合に関する規定はなく、この場合において会社を代表する者および必要な手続については、解釈に委ねられ、確立した解釈は存在しない状況にあった（会社法研究会・報告書27頁）

●────2　改正法の内容

　そこで、改正により、会社がその取締役（監査等委員および監査委員を除く）、執行役および清算人ならびにこれらの者であった者（取締役等）の責任を追及する訴えにかかる訴訟における和解をするには、次に掲げる会社の区分に応じ、①から③までに定める者の同意を得なければならないとされた（849条の2）。

　　①監査役設置会社　監査役（監査役が2人以上ある場合にあっては、各監査役）

　②監査等委員会設置会社　各監査等委員

　③指名委員会等設置会社　各監査委員

　上記の改正に至った理由として、前述したように改正前には和解に関する手続が不明確で、規律を設けて手続の明確化を図ることが適当であると考えられたほか、実質的な理由として、監査役設置会社、監査等委員会設置会社または指名委員会等設置会社が取締役等を補助するためにその取締役等の責任を追及する訴えにかかる訴訟に（補助参加人として）参加する場合（849条3項）や、取締役（監査等委員および監査委員を除く）および執行役の責任の一部免除に関する議案を提出する場合（425条3項、426条2項）には、各監査役、各監査等委員または各監査委員の同意を得なければならないとされていることと平仄をあわせる必要から、会社が当事者として取締役等の責任追及等の訴えにかかる訴訟における和解をする場合にも、同様の手続を設けることが相当であると考えられたことによる（中間試案の補足説明第3部・第3・1(1)・73頁）。中間試案のパブリックコメントにおいても、改正案に対してとくに異論はなかったようである。

　もっとも、改正においても、会社が当事者として責任を追及する訴えにかかる訴訟において和解をする場合に、誰が会社を代表するかについて、明文の定めは置かれなかった。その理由として、現行法の解釈として、会社が原告として和解をする場合については、386条1項1号、399条の7第1項、408条1項および491条の規定により、監査役等が会社を代表すると解する立場が通説であり、一方、会社が利害関係者または補助参加人として和解をする場合については、原則として、代表取締役等は会社の業務に関する一切の裁判上または裁判外の行為をする権限を有することから、代表取締役等が会社を代表すると解する立場が有力である（349条4項、420条3項、483条6項）。そうすると、各監査役、各監査等委員または各監査委員の同意を必要とする規定を新たに設ければ、それ以上に誰が会社を代表するかに関して明文の規定を設ける必要はないことになるからであると説明されている（神田・解説〔Ⅷ〕7頁）。もっとも、たとえば監査役が会社を代表して取締役の責任を追及する訴訟を提起した場合（386条1項1

号）であって、その訴訟について和解をするというときには、各監査役の同意を要しないのではなかろうか。

　また、和解が356条1項2号の利益相反取引（直接取引）に該当するものとして利益相反取引規制を適用すべきかどうかという論点に関しては、解釈に委ねられた（神田・解説〔Ⅷ〕7頁）。この点、たしかに、和解は一種の責任免除であるから、会社・取締役間の和解契約の締結は直接取引に該当すると解される余地がある。これに対して、改正では各監査役等の同意を必要とするという規律が新たに設けられた（849条の2）ことを考慮すると、重ねて利益相反取引規制を及ぼす必要はないと割り切る立場があり得る。もっとも、監査役等が同意しただけで和解を有効と解することは適切ではなく、取締役会に善後策を講ずる余地を残す解釈が妥当であろう（365条2項参照）。

●───3　残された課題

　従前、特別訴訟委員会制度の創設のように、会社の利益に反する株主による責任追及等の訴えを制限するよう提案する声もあったが、その要否について賛否両論があった（会社法研究会・報告書28頁）。結局、平成17年の会社法制定時において国会審議の中で責任追及等の訴えを制限する提案が削除された経緯もあって、新たな制限措置を設けることは難しいと考えられ（神田・解説〔Ⅷ〕8頁）、改正は見送られた。そのほか、株主による証拠集めのための資料収集に関する会社法の規律の見直しについても、賛否両論があって意見の集約ができなかったせいか、今後の課題とされた。

Ⅱ　議決権行使書面の閲覧等

●───1　改正前の状況

　会社法において、書面による議決権の行使は、議決権行使書面に必要な事項を記載し、法務省令で定める時までに当該記載をした議決権行使書面を株式会社に提出して行うものとされ（311条1項）、会社は、株主総会の日から3か月間、同項の規定により提出された議決権行使書面をその本店

に備え置かねばならず（同条3項）、株主は、会社の営業時間内は、いつでも、同条1項の規定により提出された議決権行使書面の閲覧または謄写の請求をすることができるとされていた（同条4項）。株主の閲覧謄写請求権は、同様に、電子投票の場合に会社への提供事項や、会社に提出された委任状（電磁的方法により提供された場合を含む）についても認められていた（312条5項、310条7項）。

　議決権行使書面の記載事項（電磁的方法により提供すべき議決権行使書面に記載すべき事項を含む）には、議決権を行使すべき株主の氏名・名称および行使することができる議決権数が含まれる[1]（施行規66条1項5号）。これらの情報は、株主の個人情報といえる。しかし、改正前、株主による閲覧謄写請求権の行使に対して、とくに制約が設けられておらず、同様に株主の個人情報が記載されているにもかかわらず株主名簿の扱いとは対照的であった（125条2項、3項参照）。

　これまで、議決権行使書面の閲覧謄写請求権の行使について、株主名簿の閲覧謄写請求を拒まれた場合に、それに代わって株主の住所等の情報の取得を目的としたのではないかと疑われるケースや、繰り返し請求することで会社の業務遂行を妨害する目的があるのではないかと疑われるケースなど、正当とはいえない目的で濫用的に権利行使がなされているという指摘があった。

●───2　改正法の内容

　そこで、改正においては、議決権行使書面等の閲覧謄写請求に関して、株主名簿の閲覧謄写請求に関する規律をモデルとして、濫用的な行使に対応するための規律を設けるため、株主名簿の扱いにならって、以下のように拒絶事由を法定する改正が行なわれた[2]（中間試案の補足説明第3部・第3・2(1)・75頁）。

---

1)　企業慣行として通常、これらの法定記載事項に加えて、株主の住所も記載されている。
2)　なお、電子投票についての電磁的記録の内容や委任状の内容についても、312条5項、6項、310条7項、8項に同様に改正が行われている。

①議決権行使書面の閲覧謄写の請求をする場合においては、当該請求の理由を明らかにしてしなければならない[3]（311条4項後段）。

②会社は、311条4項の請求があったときは、ⓐ〜ⓓのいずれかに該当する場合を除き、これを拒むことができない（311条5項）。

ⓐ当該請求を行う株主（請求者）がその権利の確保または行使に関する調査以外の目的で請求を行ったとき（1号）

ⓑ請求者が当該会社の業務の遂行を妨げ、または株主の共同の利益を害する目的で請求を行ったとき（2号）

ⓒ請求者が議決権行使書面の閲覧または謄写によって知り得た事実を利益を得て第三者に通報するため請求を行ったとき（3号）

ⓓ請求者が、過去2年以内において、議決権行使書面の閲覧または謄写によって知り得た事実を利益を得て第三者に通報したことがあるものであるとき（4号）

ところで、改正に至る過程では、どのように規制すべきかについて意見が分かれたようである。もともと、議決権行使書面等の閲覧謄写請求の立法趣旨には、必ずしも確立された解釈があったわけではなかったからである。すなわち、株主総会決議が適法に行われたのか否かを判断するための証拠として議決権行使書面等を捉える立場から、その閲覧謄写は株主総会決議の瑕疵を争うための証拠集めという性質が重視され、したがってそれ以外の目的による閲覧謄写は認められないという解釈が導かれる可能性があった。一方で、とくに個人株主の間では、少数株主が共同して株主提案を行おうとするとき、法定の要件を満たすために賛同者を勧誘することが不可欠であって、そのためには株主の住所等を確認する必要があり、議決権行使書面等の閲覧謄写請求は正当な株主情報収集の有力な手段であるという反論がなされ、これも否定しにくかった。結局、後者の意見が採用され、濫用的な行使に対処することができればよく、それ以上に過剰に制限

---

3)　株主名簿の閲覧等の場合と同様に、請求の理由を明らかにさせる趣旨は拒絶事由の有無の判断を会社が行うことを容易にすることにあるので、請求の理由としては閲覧等の具体的な目的を掲げることを要する。

することは妥当ではないという結論となり[4]（神田・解説〔Ⅷ〕9頁）、それが改正法の内容となった。株主名簿の閲覧謄写請求権については、株主権の確保または行使を広く解してそれにあたれば正当な行使とされるよう配慮したといえる。

Ⅲ　株式の併合等に関する事前開示事項

●───1　改正前の状況

　会社法上、現金を対価として利用することで少数株主を締め出すこと、いわゆるキャッシュアウトを実施するには複数の手法がある。そのうち有力な手法として、全部取得条項付種類株式を利用する方法と、株式併合を利用する方法がある。株式併合等は、キャッシュアウトの手段として用いられる場合に、1株に満たない端数の処理が行われることが往々にしてあり得、その処理として、1株に満たない端数の合計数（その合計数に1に満たない端数が生ずる場合には、当該端数は切り捨てられる）に相当する数の株式を競売または任意売却をして得られた代金が株主に交付されることとなる（234条、235条）。

　株式併合等については、すでに平成26年改正および改正省令により、事前開示手続（171条の2、182条の2、施行規33条の2、同33条の9）および事後開示手続（173条の2、182条の6、施行規33条の3、同33条の10）が設けられるなど株主利益の保護のための措置が講じられている。とくに端数となる株式の株主の利益を保護する観点から、株主への情報開示の充実を図る趣旨で、1株に満たない端数の処理をすることが見込まれる場合における当該処理の方法に関する事項、当該処理により株主に交付することが見込まれる金銭の額および当該額の相当性に関する事項が、すでに事前開示事項に含まれている（施行規33条の2第2項4号、同33条の9第1項ロ）。

---

4)　議決権行使書面等の閲覧謄写請求を行使しうるケースを狭くしてしまうと、株主による効率的な委任状の勧誘等が不可能となりうる一方で、会社は、過去の株主総会における議決権行使結果を参照しながら一部の株主に対して委任状勧誘を行うことができ、経営者側と株主との間に情報格差を生じ、公正さを欠くという懸念もあったようである（神田・解説〔Ⅷ〕10頁）。

　もっとも、なお検討を要する問題が残されているという指摘があった。すなわち、株式の併合等の効力は、所定の取得日または効力発生日に生ずるものの（173条、182条）、株式の併合等の効力発生後に１株に満たない端数の処理により株主に実際に交付される代金の額は、任意売却等の結果に依存しており、実際に任意売却等がされるまでの事情変動等による代金額の低下や代金の不交付のリスクは、当該代金の交付を受けるべき株主が負うこととなるから、確実かつ速やかな任意売却等の実施および株主への代金の交付を確保するための措置の導入が要検討事項だという指摘がこれである（中間試案の補足説明第３部・第３・３・77頁）。

●──── 2　会社法施行規則の改正

　そこで、改正に合わせて、会社が171条の２第１項および182条の２第１項の規定により本店に備え置かなければならない書面または電磁的記録に記載し、または記録する法務省令で定める事項のうち、234条または235条の規定により端数の処理をすることが見込まれる場合における当該処理の方法に関する事項の充実、具体化を図ることが予定されている。ディスクロージャーの充実・強化により、株式併合等を承認するか否かを株主が適切に判断するのに必要な情報を提供するとともに、間接的に支配株主側を牽制することを意図した改正といえよう。

　その具体的な内容は、法務省令の制定を待たねばならないが、たとえば、①競売または任意売却のいずれをする予定であるか、およびその理由、②競売をする予定である場合には、競売の申立てをする時期の見込み、③任意売却をする予定である場合には、任意売却する株式を買い取る者（任意売却株式買取人）の氏名または名称、任意売却の実施および株主に対する代金の交付の時期、任意売却株式買取人が任意売却の代金の支払のための資金を確保する方法ならびに当該方法の相当性その他の任意売却の実施および株主に対する代金の交付の見込みに関する事項（当該見込みについての取締役等の判断およびその理由を含む）を、事前開示事項に追加することが予想される（中間試案の補足説明第３部・第３・３・77頁）。

Ⅳ　会社の登記に関する見直し

●───1　新株予約権に関する登記

（1）　改正前の状況　　改正前の会社法では、新株予約権を発行した株式会社は、新株予約権の登記をする必要があり、その登記事項は、①新株予約権の数、②新株予約権の内容のうち一定の事項（236条1項1～4号に掲げる事項）、③行使条件、および、④払込金額またはその算定方法等とされていた（旧911条3項12号）。

このうち④については、従前、募集事項として具体的な金額ではなく算定方法が決議された場合、登記実務上、払込金額の算定方法につきブラック・ショールズ・モデルに関する詳細かつ抽象的な数式等の登記を要するなど、全般的に煩雑で申請人の負担となっていた。また、登記事項を一般的な公示にふさわしいものに限るべきであるという批判・指摘がされていた（中間試案の補足説明第3部・第3・4・77頁）。

（2）　改正法の内容　　中間試案においては、上記④にあたる事項のうち、対価を要しないで募集新株予約権が発行される場合には対価の払込みを要しない旨、対価を払い込んで募集新株予約権が発行される場合には払込金額またはその算定方法は、登記事項から外すという提案がされたが、後者の有償発行に関して、原則払込金額、例外的にその算定方法の登記をなお維持すべきという提案が併記されるなど、意見が分かれていた（中間試案第3部・第3・4・22頁）。

285条1項は事後的な救済策の1つとして、著しく不公正な条件・不公正な払込金額で募集新株予約権を引き受けた者に対して、差額支払責任を負わせており、株主は代表訴訟によってその責任を追及することが可能である（847条）。金銭以外の財産を対価として募集新株予約権が発行される場合の取締役の不足額支払責任についても、同様に責任追及がなされうる（286条、847条）。したがって、上記の④の事項を登記事項とすることにより、株主など利害関係者が比較的容易にその内容をみることができることに利点を見出す立場を否定することは、難しいと思われる。

　パブリックコメントにおいても意見が分かれたようである（神田・解説〔Ⅷ〕11頁）。結局、改正においては、新株予約権に関する登記事項について以下の改正が行われた（911条3項12号の改正）。

　すなわち、改正後はⅰ新株予約権の数、ⅱ新株予約権の内容のうち一定の事項（236条1項1～4号に掲げる事項）を原則として登記事項としつつ、例外的に、インセンティブ報酬として取締役に付与したもので、無償で権利行使できる旨の定めがある場合は権利行使価額を除くことが許され、ⅲインセンティブ報酬として取締役に付与したもので、無償で権利行使できる旨の定めがある場合は、その定めの内容、ⅳ ⅱ ⅲ以外の行使条件、ⅴ取得条項付きで発行する場合および払込みを要しないで発行する場合にはその旨ならびにⅵ発行時に払込みを要する場合には、払込金額を原則とし、その算定方法を定めた場合においては登記申請の時までに募集新株予約権の払込金額が確定していないときに限って当該算定方法の登記を要するものとされた。

　払込金額の算定方法に関しては、完全に登記事項から外してしまうのではなく、登記される余地が残されたのであって、改正内容を全体としてみれば利害関係者への公示の役割が重視されたといえよう。

●───2　会社の支店の所在地における登記の廃止

　(1)　改正前の状況　　改正前の会社法では、会社は、本店の所在地において登記をするほか、支店を設けた場合には、支店の所在地においても、①商号、②本店の所在地、および、③支店（その所在地を管轄する登記所の管轄区域内にあるものに限る）の所在場所の登記をしなければならなかった（旧930条1項、2項各号）。その趣旨は、支店のみと取引をする者が本店の所在場所を正確に把握していない場合がありうることを前提として、支店の所在地を管轄する登記所において検索すればその本店を調査できるという仕組みを構築するということにあった（中間試案の補足説明第3部・第3・6・78頁）。

　(2)　改正法の内容　　もっとも、インターネットが広く普及している現

在、登記以外に会社の情報を検索する手段が存在すること、また、登記情報提供サービスにおいて、会社法人等番号（商業登記 7 条）を利用して会社の本店を検索することもできるようになっていることに照らすと、改正前の規律を維持するメリットはわかりにくいものとなっていた[5]（中間試案の補足説明第 3 部・第 3・6・78頁）。

　このような事情から中間試案は、会社の支店の所在地における登記の廃止（930条から932条までを削除する）を提案した（中間試案第 3 部・第 3・6・22頁）。パブリックコメントにおいても異論はなかったようであり、提案の通り削除される改正がなされた。また、あわせて、937条 1 項や938条についても所要の改正が行われた。

Ｖ　取締役等の欠格条項の削除およびこれに伴う規律の整備

●───1　改正前の状況

　会社法は、取締役に関して欠格事由を法定しており、その 1 つに成年被後見人もしくは被保佐人または外国の法令上これらと同様に取り扱われている者を挙げていた（旧331条 1 項 2 号）。この規定は監査役、執行役および清算人についても準用されていた（旧335条 1 項、402条 4 項、478条 8 項）。

　取締役らの欠格条項について、中間試案の段階ではとくに改正される予定はなかった。

●───2　改正の背景

　ところが、中間試案公表後再開された法制審の部会審議において、調査審議の対象とされた。その背景には、以下の事情があった。すなわち、成年後見制度の利用の促進に関する法律に基づいて平成29年 3 月24日に閣議決定された「成年後見制度利用促進基本計画」および「成年被後見人等の権利の制限に係る措置の見直しに関する業務の基本方針について」において、欠格条項が数多く存在していることが成年後見制度の利用を躊躇させ

5）　実際、会社の支店の所在地における登記について登記事項証明書の交付申請がなされる例は、ほとんどないようである。

る要因の１つになっているとの指摘をふまえ、すみやかに必要な見直しを行い、見直しの結果をふまえた関係法律の改正法案を提出することを目指すこととされ、整備法案は国会に提出された。株式会社は整備法案において一括した見直しの対象に含めることは見送られたが、内閣府に設置された成年後見制度利用促進委員会から、欠格条項を削除するものとした場合における会社法制上および実務上の影響等をふまえた代替措置の必要性およびその内容等について、法制審の部会において議論を行ったうえ、会社法の改正法案には、欠格条項の見直しに関する規定もあわせて盛り込む方向で検討を進めることが求められ、また、整備法案の附則７条においても「会社法……における欠格条項について、整備法の公布後１年以内を目途として検討を加え、その結果に基づき、欠格条項の削除その他の必要な法制上の措置を講ずる」ことが求められた（神田・解説〔Ⅷ〕12～13頁）。要するに、欠格条項を削除し代替措置を講じることが政府の方針とされたので、会社法も足並みを揃えようということである。

●───3　改正法の内容

そこで、改正においては、331条１項２号が削除された。そのうえで、成年被後見人が取締役に就任するには、その成年後見人が、当該成年被後見人の同意（後見監督人がある場合にあっては、成年被後見人および後見監督人の同意）を得たうえで、当該成年被後見人に代わって就任の承諾をしなければならない（331条の２第１項）。監査役、執行役や清算人についても所要の改正が行われるとともに（335条１項、402条４項、478条８項）、設立時取締役および監査役についても同様に所要の改正が行われた（39条５項）。

331条の２第１項は、株主総会が取締役を選任し（329条）、その者と会社との間で任用契約を締結することにより、取締役に就任するという手順を前提にした規定といえる。すなわち、今後は、仮に会社が成年被後見人を取締役に選任したとしても、その選任自体は有効と解され、取締役任用契約の有効性についても改正により、成年後見人による適法な代理権行使

によって、会社と成年被後見人との間の取締役任用契約は有効に締結され
たものと扱われることとなる。もっとも、成年後見人による代理権行使を
経ずに成年被後見人がした就任の承諾または成年後見人が成年被後見人の
同意を得ないでした就任の承諾は、その効力を生じないこととなる。成年[6]
被後見人が監査役等に就任する場合についても所要の改正がなされている
（335条１項等）。なお、民法の定めにより、取締役在任中に成年被後見人と
なった者は、委任契約終了事由となる（民653条３号）ので、いったん退任
したうえで、当該者を改めて株主総会で選任する必要がある。

　また、被保佐人が取締役に就任するには、その保佐人の同意を得なけれ
ばならない（331条の２第２項）。被保佐人を取締役に選任した場合の選任
決議の効力は成年被後見人の場合と同様に解され、保佐人が同意しておれ
ば被保佐人が締結した取締役任用契約は有効である。ただし、被保佐人が
保佐人の同意を得ないでした就任の承諾は、その効力を生じないと解され
る。被保佐人が監査役等に就任する場合についても所要の改正がなされて
いる（335条１項等）。なお、保佐人が民法876条の４第１項の代理権を付与
する旨の審判に基づき被保佐人に代わって就任の承諾をする場合には、成
年被後見人の規定が準用される（331条の２第３項）。したがって、この場
合、保佐人がする就任承諾には、被保佐人の同意を要する。なお、成年被
後見人の場合と異なり、取締役が在任中に被保佐人となっても、民法上の
委任契約終了事由にあたらないので、したがって直ちに取締役の地位を失
うことにはならないので、改めて株主総会決議をやり直す必要はない。

　ところで、成年被後見人または被保佐人がした取締役の資格に基づく行
為は、行為能力の制限によっては取り消すことができない（331条の２第４
項）。上記の規律に従って有効に取締役の地位に就任した限り、当該成年

---

6)　もしも成年後見人による代理権行使が成年被後見人の同意の欠如ゆえに違法・無効となる
　とすると、取締役任用契約が効力を生じない結果、当該成年被後見人は取締役ではなかった
　ということになり、その者が加わった取締役会決議の効力や対外的取引の効力が問題となる。
　この点は今後の解釈に委ねられることになる。成年被後見人が成年後見人による代理権行使
　を経ずに就任を承諾する意思表示をした場合も同様である。

被後見人または被保佐人が適法な取締役として行為できることはいわば当然であり、したがって個々に行為をするたびに後見人に代理をしてもらうことや保佐人の同意を得ることを要しないはずである。おそらく、行為能力の制限によっては取り消すことができない旨の定めは、当然のことを確認的に規定したものではなく、仮に上記の規律に反して成年被後見人や被保佐人が取締役に就任したときは、前述したように取締役の地位は無効であるが、その行為が「取消し」の対象となることを否定し、法的安定の維持を図る趣旨であろう。この場合の取引相手方の保護は、たとえば、908条2項の類推適用によるなどの別の方策を検討することもあり得たが、明文で定めることが選択されたといえよう。

VI 改正が見送られた項目

●──1 中間試案の改正提案

　会社法においては、株式会社の代表者（代表取締役および代表執行役）の住所が登記事項とされ（911条3項14号、23号ハ）、何人も当該住所が記載された登記事項証明書の交付を請求できることとされている（商業登記10条1項）。このような会社法の扱いに対して、個人情報保護の観点から、当該住所を登記事項から削除し、またはその閲覧を制限するように求める意見がある一方、代表者の住所については、①代表者を特定するための情報として重要であること、②民事訴訟法上の裁判管轄の決定および送達の場面において、法人に営業所がないときは重要な役割を果たすこと（民訴4条4項、103条1項）などの意義を挙げて擁護する意見もあった（中間試案の補足説明第3部・5・78頁）。

　そこで、中間試案は、代表者の住所を登記事項として維持しつつ、当該住所が記載された登記事項証明書の交付を一定程度制限するため、登記簿に記載されている事項（代表者の住所を除く）が記載された登記事項証明書については、何人も、その交付を請求できるものとするが、当該住所が記載された登記事項証明書については、当該住所の確認について利害関係を有する者に限り、その交付を請求することができるものとするよう提案

した[7]（中間試案第 3 部・5 ・22頁）。

●───2　審議の経緯と附帯決議

　パブリックコメントにおいては、賛成意見が多数であったものの、条件付きの賛成意見や反対意見もあったようである。その後の法制審の審議も難航したようであり、結局、この事項については会社法および会社法に基づく法務省令の改正を行わないという結論になった（神田・解説〔Ⅷ〕14〜15頁）。代表者が記載された登記事項証明書については、基本的には現行の規律を見直さないものとされた。

　もっとも、一定の場合に、関係法律に基づく法務省令の改正によって対応することが想定されるとして、次の附帯決議が法制審の部会によって採択された。

　すなわち、附帯決議の 2 において、株式会社の代表者の住所が記載された登記事項証明書に関する規律については、これまでの議論および当該登記事項証明書の利用にかかる現状等に照らし、法務省令において、以下のような規律を設ける必要がある。すなわち、①株式会社の代表者から、自己が配偶者からの暴力の防止及び被害者の保護等に関する法律 1 条 2 項に規定する被害者その他の特定の法律に規定する被害者等であり、さらなる被害を受けるおそれがあることを理由として、その住所を登記事項証明書に表示しない措置を講ずることを求める旨の申出があった場合において、当該申出を相当と認めるときは、登記官は、当該代表者の住所を登記事項証明書に表示しない措置を講ずることができるものとする、②電気通信回線による登記情報の提供に関する法律に基づく登記情報の提供においては、株式会社の代表者の住所に関する情報を提供しないものとする、とされた。そして、上記附帯決議の 2 の規律の円滑かつ迅速な実現のため、関係各界において、真摯な協力がされることを要望するものとされた。

---

　7)　インターネットを利用して登記情報を取得する場合における当該住所の取扱いについても、所要の措置を講ずることを検討するものとされた（中間試案第 3 部・5 （注）・22頁）。

　代表者の住所情報の開示について個人情報の保護の観点から制約を課すことは見送られたものの、社会問題の１つであるドメスティック・バイオレンス被害者の保護には配慮しなければならないことから、一種の妥協策としてこのような対応がなされることになった。もっとも、ドメスティック・バイオレンス被害者等である代表者からの申出に基づき、代表者の住所を表示しない措置が講じられている場合であっても、利害関係を有する者は、商業登記簿の附属書類の閲覧の制度（商業登記11条の２）を利用することにより、代表者の住所を知ることができる。ただし、「利害関係」については、事実上の利害関係では足りず、法律上の利害関係を有することが必要とされる。閲覧申請者は、利害関係を証する書面として、請求書、契約書または訴状の写し等の添付が求められ、第一次的には、登記官が利害関係の有無を判断することになるものと解されている（神田・解説〔Ⅷ〕16頁）。

事項索引

【著者紹介】

近藤光男（こんどう・みつお）

1954年	東京都生まれ
1978年	東京大学法学部卒業
現　在	関西学院大学法学部教授・神戸大学名誉教授
著　書	『会社支配と株主の権利』（有斐閣・1993）
	『コーポレート・ガバナンスと経営者責任』（有斐閣・2004）
	『改正株式会社法 I〜IV』（共著、弘文堂・2002・2004・2006）
	『最新株式会社法〔第8版〕』（中央経済社・2015）
	『基礎から学べる会社法〔第4版〕』（共著、弘文堂・2016）
	『基礎から学べる金融商品取引法〔第4版〕』（共著、弘文堂・2018）
	『商法総則・商行為法〔第8版〕』（有斐閣・2019）

志谷匡史（したに・まさし）

1958年	神戸市生まれ
1988年	神戸大学大学院法学研究科後期課程単位取得
現　在	神戸大学大学院法学研究科教授
著　書	『改正株式会社法 I〜IV』（共著、弘文堂・2002・2004・2006）
	『金融商品取引法』（共著、青林書院・2012）
	『基礎から学べる会社法〔第4版〕』（共著、弘文堂・2016）
	『基礎から学べる金融商品取引法〔第4版〕』（共著、弘文堂・2018）

改正株式会社法V

2020（令和2）年2月28日　初版1刷発行

著　者	近藤　光男	
	志谷　匡史	
発行者	鯉渕　友南	
発行所	株式会社 弘文堂	101-0062 東京都千代田区神田駿河台1の7 TEL 03(3294)4801　振替 00120-6-53909 https://www.koubundou.co.jp
装　丁	笠井亞子	
印　刷	港北出版印刷	
製　本	井上製本所	

© 2020 Mitsuo Kondo & Masashi Shitani. Printed in Japan

ISBN978-4-335-35822-7

＊定価(税抜)は、2020年2月現在のものです。